# La Santa Cruz de Caravaca

## NUEVO TESORO DE ORACIONES

Este precioso libro es el único y verdadero
y de gran utilidad para todas las familias,
que ha sido traducido de antiguos pergaminos
hebreos, griegos y latinos procedentes
de Egipto y aumentado con varias
oraciones de Jerusalén.

SIT NOMEN DOMINI
BENEDICTUM

9 788479 100360

# La Santa Cruz de Caravaca

## NUEVO TESORO DE ORACIONES

DE SUMA VIRTUD Y EFICACIA
PARA CURAR TODA CLASE DE DOLENCIAS,
COMO TAMBIÉN UN SINNÚMERO
DE PRÁCTICAS PARA LIBRARSE DE HECHIZOS
Y ENCANTAMIENTOS
CON BENDICIONES Y EXORCISMOS, ETC.

EDITORIAL HUMANITAS S.L.

Título: "La Santa Cruz de Caravaca"

Primera edición en 1990
Reimpresión en 2010

ISBN: 978-84-7910-036-0
Depósito legal: B-42320-1990



Impreso por Editorial Humanitas, S.L.
Centro Industrial Santiga
c/ Puig dels Tudons, s/n
Talleres 8, Nave 17
Telf. y Fax: 93 718 51 18
08210 Barberà del Vallès
Barcelona (ESPAÑA)

***http://www.editorial-humanitas.com***
***info@editorial-humanitas.com***

LA SANTA CRUZ DE CARAVACA

Los Sres. Emmos. Cardenales, Arzobispos y Obispos de España, han concedido 3.600 días de indulgencia a los devotos que recen con devoción, delante de la estampa que precede, un Credo y un Acto de contricción. Es abogada contra rayos, centellas y tempestades.

# COPLAS

De esta Cruz soberana
oigan, señores,
milagros y prodigios
con mil primores;
pues son tan grandes,
que no hay pluma que pueda
bien numerarles.

De los cielos bajaron
con alegría
los Angeles en coros,
a conducirla;
y pues son tantos
los milagros que obra,
que es un encanto.

Hombres, niños y mujeres
llevan consigo
la Cruz que fué bajada
del cielo Empíreo,
para consuelo;
líbranos de las garras
del Dragón fiero.

Una mujer afligida
se vea en el parto,

ponga sobre su vientre
ese retrato:
con facilidad
esta Cruz amorosa
del parto la sacará.

Cojos, mancos, tullidos
ciegos y sordos,
en la Santa Cruz hallan
consuelo todos:
que es tan hermosa,
que la escogió Cristo
para su Esposa.

Del cielo fué enviada
del Padre Eterno,
para que conozcamos
el gran Misterio
que es el que encierra;
que así nos lo conceda
Dios en la tierra.

Los Serafines todos
cantan y alegran
a esta Cruz soberana,
fina diadema:
porque en el cielo
es el lecho de Cristo

nuestro consuelo.

Dichosa, Caravaca,
puedes llamarte,
pues gozas de los cielos
el estandarte,
que es la Santa Cruz
donde su vida y sangre
dió nuestro Jesús.

Todos los caminantes
y marineros,
por la mar y caminos
andan sin miedo,
como se valgan
de llevar en el pecho
la Cruz amada.

Son grandes los misterios
de esta reliquia
y así digamos todos,
que sea bendita:
para que tiemble
el infierno y la gente
que dentro tiene.

De muertes repentinas,
incendios, robos,

y otros muchos peligros
nos libre a todos
la Cruz sagrada
que en brazos de Cristo
fué desposada.

## ORACION A SANTA LUCIA

Dios mío, que conservasteís libre a la bienaventurada virgen y mártir Santa Lucía entre las llamas de fuego que la rodeaban, y la habéis dado a vuestros fieles cristianos por singular protectora contra las enfermedades de los ojos: Defendednos por sus méritos e intercesión, de incendio en las casas y de movimientos, de ira en nuestros corazones, y asistid benigna a nuestra espiritual y corporal vista. Por Jesucristo nuestro Señor. Amén.

## ORACION A SAN CRISTOBAL

Conceded a los que os invocan, glorioso mártir San Cristóbal, que sean preservados de peste, epidemia y temblores de tierra, del rayo

y de la tempestad, de incendios e inundaciones. Protegednos con vuestra intercesión durante la vida, en las calamidades que la Providencia tenga dispuestas, y en la muerte libradnos de la eterna condenación, asistiendo Vos a nuestra última hora para poder alcanzar la eterna bienaventuranza. Amén.

## MILAGRO QUE HIZO NUESTRO SEÑOR DEL PERDON

Había una mujer que habitaba en la montaña, y tenía una vida arreglada. Esta deseó saber cuántas fueron las llagas que Cristo nuestro Bien, había recibido en su sacratísimo cuerpo, y pidió al Señor con mucha devoción que se revelase. Se le aparecio, pues, y le dijo: Has de saber que las llagas que recibí en mi cuerpo fueron cinco mil cuatrocientas cincuenta y cinco: por lo que te digo que todo el que rezare en memoria de ellas quince Padrenuestros y Avemarías por espacio de un año, sacará quince almas del purgatorio, y se le remitirá la penitencia que debía hacer por otros tantos pecados mortales, y además obtendrá la gracia y la confirmación de las buenas obras. Y asimismo, a quien rezare un año entero las oraciones, le daré quince días antes mi cuerpo a comer, y no tendrá hambre; mi sangre a beber, y no tendrá sed; le pondré delante la señal de la Cruz que le servirá de guarda y defensa, y le asistiré con mi Madre Santísima en la hora de la muerte, y recibiré su alma benignamente, la llevaré a los placeres eternos, y cuando la lleve le daré a beber la Divinidad; y a quien tuviere dolor y contrición de sus pecados, cumpliendo este rezo por espacio de un año se los perdonaré todos, desde que nació hasta la muerte, y le libraré del poder del demonio y de su tentación, y siendo malo se volverá bueno, y continuamente guardaré su alma de las penas del infierno, y lo que pidiere a mi Madre Santísima se lo concederé, dándole la vida para ir a vivir a mi reino, a fin de morar conmigo eternamente. Cualquiera que trajere consigo esta oración, y la diere a leer, o la enseñare a algunas personas, tendrá en esta vida placer y galardón. Dondequiera que esté esta oración, la casa será conservada en paz, así como conservé las pesadas olas del mar. Cualquier persona, sea hombre o mujer, que tuviere esta oración, no morirá de muerte repentina, ni será perseguida por sus enemigos, ni vencida por ellos en batalla, o en prisión, ni ahogada en el mar, ni abrasada por el fuego, ni los rayos, ni acometida de gota coral, ni depondrá contra ella ningún testigo falso. Cualquier mujer que se halle de parto, llevando esta oración, parirá felizmente sin peligro. Esta oración la trajo de Roma don Juan Cardoso, y se halló en un hombre que se había arrojado al mar, con una piedra grande atada al cuello: éste anduvo por espacio de tres días sobre las aguas sin ahogarse, y luego que le sacaron las olas, le encontraron dicha oración. El que la traiga, sea con mucha fe, porque Dios no sabe faltar: y todos los dias dirá la oración siguiente:

"Mi Señor Jesucristo, acordaos de mi que soy pecador. Virgen Santísima, rogad por mí: siempre seréis alabada y bendita. Rogad por este pecador a vuestro amado Hijo. Preciosa hermosura de los Angeles, de los Profetas, de los Patriarcas; corona de los Mártires, de los Apóstoles y de los Confesores; gloria de los Serafines; corona de las Vírgenes, libradme de aquella espantosa figura cuando mi alma saliere de mi cuerpo. ¡Oh, santísima fuente de piedad y hermosura de Jesucristo, alegría de la gloria consolación del clero, remedio en los trabajos! Con Vos, Virgen prudentísima, se alegran los Angeles. Encomendad mi alma y la de todos los fieles cristianos; rogad por nosotros a vuestro bendito Hijo, y conducidnos al Paraíso eterno, en donde reináis y vivís para siempre; y allí os alabaremos eternamente. Amén. Jesús".

"Soberana Virgen María, Madre de Jesús, Hijo de Dios vivo, pues le habéis parido: Rogad por todos los pecadores para que nos perdone. Libradnos del enemigo que nos combate, y concedednos la gloria eterna. Amén, Jesús".

## ORACION AL GLORIOSO MARTIR SAN SEBASTIAN

Glorioso e invicto mártir San Sebastián insigne protector de los afligidos, desconsolados y menesterosos que ponen la confianza en Dios y esperan de su benignísima mano el remedio de sus aflicciones y necesidades: Os suplicamos, como abogado que sois también contra todo contagio, peste y epidemia, libréis nuestras casas, con vuestra intercesión, de todo estos males. Amén.

Dicho esto, vaya por toda la casa echando agua bendita, con candela encendida de las benditas, diciendo los Psalmos Graduáles que son propios para esta ocasión, y en cada pared de los aposentos, tránsitos y corredores, haga una cruz con carbón lápiz, ó con hierro ó cuchillo, diciendo en cada una.

Ecce Crucem Domini, fugite partes adverse, invirtute Domini nostri Jesu Cristi, qui pependid in es.

Psalmo 119 Letatus sum in his, etc.

Id. 122 Ad te lavavi oculos, meos, etc.

Llegando a lo bajo o a donde, más se siente el Duende, o Brujas, diga: Adiutoriu mnostrum in nomine Domine, que fecit celum, etc. terram.

Dominus vobiscum.

Et cum Spiritu tuo.

Secuencia santi Evangelli sécundum Matheum.

Gloria tibi Domini.

In illo tempore, dixit Jesus Discipulis suis; omnis que audivit verba mea, etc., facit ea, assimilabitur viro sapienti, qui edificavit domun suam supra petram, etc., descendit pluvia, etc., venerum flumina, etc., flaverunt venti, etc., irrucrunt in domun istam etc., non cecidit, fundata enim erat supra petram, etc., omnis que audivit verba mea, etc., non facit ea similis erit viro stulto, qui edificavit domun suam super erenam, etc., descendit pluvia, etc., venerunt flumina, etc., flaverunt venti, etc., irruerunt in domun il llam, etc., cecidit, etc., fuit ruina illius magna; etc., cum consummasset Jesus verba hec, admirabantur turbe super doctrina eius, eran enim docens eos, sicnu potestatem habens.

Laus tibi Christi Rex regnum: etc., per Evangelium dictum deleantur nostrum delictu, etc., auferatur ab hac domo, etc., habitatoribus in ea omne maledictum. (Prosiga diciendo):

Demus ista; sicut dommuns Israel, esperavit in Domino.

Aintor ceru, etc., protector corum est.

Benedixit Dominus domini Israel, etc., domine Aron.

Benedixit omnibus, qui timent Dominum. Dicat nunc homus ista timens Dominum.

Quoniam in secula misericordia eius.

Dominus vobiscum.

Et cum spiritu tuo.

OREMUS

Domum istam tuam, donme Jesu Christe clementer ingredere, etc., corda habitancium in ea igne; tue amoris, etc., fideivehementer accede, ut fimitir supra petram edificata, nula demonum, etc., ministrorum eorum incursione iurbetur.

Domine Jesu Criste qui habites in vivis lapidibus filis Alahe, etc., per ilos habitacula eorum, imples omni Benediccione bone † dich, etc., santifica ha demom servorum tuorum, que sub tus patrocinio singulariter confiolum, ut nula Magorum, malienorum spiritum illi dominetur adversitas.

Sancti nominus tue timorem pariter, etc., amorem fac nos habers perpetuum quia numquam tua gubernadone destituis, quos insolidilate tue dileccionis instituis.

Famulorum tuorum, quesimos, domide delictis ignoce, ut qui tibi placere de actibus nostris nou valemus henitricis Filie tue domini nostri Jesu Cristi intercesione salvemur.

Deus, qui miro ordine Angelorum, ministeria hominum qua dispersas; coneede propicius, ut a quibus tibis ministratibus in eelo semper asistitur, ab is interra nostra vila muniatur. Per Cristum Dominum nostrum. Amén.

Luego vuelve a andar toda la casa, echando agua bendita. Qui confidum in Domino. Psalmos 124, 125, 126, 127, 128.

Kyrie eleison. Criste eleison. Kryrie eleison. Pater noster.

Et ne nos inducas in tentacionem. Sed libera nos a malo.

Dominus vobuscum. Et cum spiritu tuo.

Después prosiga, bendiga un poco de incienso, diciendo:

Audiutorum nostrum in nomine Domini. Quifecit celum, etc., terram.

Dominus vobiscum, Et cum spiritu tuo.

Y echando incienso en agua bendita, diga:

Incensum istud a te Domine, benedictum asendat at te, etc., etc., descendat semper nos misericordia tua. Et sicut demonium Asmodssen a Sara filia Bachelis ministerios Arcangeli Rafaelis liberasti, Comuera, Domumn eis benediccionibus resplanti; ita replere digneris hac domum tua benediccione, etc., omnes habitantes in ea ab omnibus insiclis, etc., sugestione diaboli misericorditer liberare. Per Christum Dominum nostrum. Amén.

In ilo tempore dixit Jesus Discipulis suis ecce ego mitto vos sicut agnos interlujios molite portare faculum, neque peram, neque calcamenta neminem per viam salutavorisis. Primum dicite, pax huic domuy si ibi fuerit filius pacis juper oum pax vuestra, sin aum ab vos revertetur.

Qui nos créavit, redemit ipse nos regat gubernet perducat in vitameternam Amén, Benedicció Dei omnipotentis, pater † filii, Spiritu † sancti, descendad super hac domum omnes habitantos in ea cucte, manead semper. Amén.

## SAN CIPRIANO Y SANTA JUSTINA

### *Introducción*

Cuando el tirano Diocleciano arrestó a Santa Justina para martirizarla junto con San Cipriano, este Santo compuso la oración siguiente, suplicando a Dios nuestro Señor se dignase preservar a los fieles, de los ensalmos y artificios del demonio; no sólo a todos aquellos a quienes la Santa había convertido a la fe de Jesucristo, sino también a los que en adelante se convirtieren. Esta oración se encontró en los archivos de la ciudad de Constantinopla, cuando los turcos se apoderaron de ella, escrita en un pergamino, de que se incautó un soldado de la Santa Cruzada, viéndolo firmado por un santo mártir, a fin de preservarlo de la voracidad de las llamas, llevándolo siempre consigo dicho soldado, dentro de una bolsa de seda, por cuyo medio se vió siempre libre de todo mal. Posteriormente este pergamino fué entregado al Papa San Clemente, el cual penetrando la virtud y eficacia de la oración que contenía, la recomendó a los fieles como un remedio eficaz contra todos los males, y particularmente contra las tentaciones del maligno espíritu, sus hechizos y brujerías, de modo que dicho Santo Pontífice concedió ochocientos días de indulgencia a todos y a cualquiera de los fieles, cada vez que dijeren u oyeren con devoción la citada oración, que el mismo San Cipriano compuso antes de su glorioso martirio, entregánlola a la hermana de Santa Justina, llamada Rufina.

## ORACION

¡Oh, Dios Omnipotente y Eterno! Por medio de vuestra sierva Justina con quien voy a Perder la vida temporal para alcanzar la eterna, os pido humildemente perdón de todos los maleficios que he cometido durante el tiempo que mi espíritu ha estado preocupado con el dragón infernal; y en pago del sacrificio que hago de mi vida, os suplico que mis plegarias sean oídas a favor de todos aquellos que de buen corazón os suplicaren la salud de su cuerpo y alma, recordándoos, Señor, que con una sola palabra sacasteis el maligno espíritu de aquel santo varón de que nos habla la Escritura; que resucitasteis a Lázaro, muerto de tres días; que volvisteis la vista al santo Tobias, ciego por la instigación de Satanás; que sois el soberano Dominador de vivos y muertos. Compadeceros, Señor, de todos aquéllos que conozcáis que son vuestros por su fé, esperanza y buenas obras, y os suplico que a aquéllos que estén ligados con hěchizos, embrujados y poseídos del maligno espíritu, los desatéis para que puedan con toda libertad serviros con santas y buenas obras; los dehechicéis para que puedan usar de su albedrío en vuestro servicio: los desembrujéis para que el lobo rabioso no pueda decir que tiene dominio sobre alguna oveja de vuestro rebaño, comparada a costa de vuestra preciosísima sangre derramada en el monte Gólgota. Libradlos, Señor todopoderoso, del poder del ángel rebelde, para que libres del común enemigo, os alaben, bendigan, adoren; exalten, santifiquen y confiesen a Vos, al Padre y al Espíritu Santo, con todo el coro de Angeles, Patriarcas, Profetas, Santos, Santas, Vírgenes, Mártires, Confesores, de vuestra santa gloria.

Y os suplico, Señor, que en nombre de Santa Justina, queráis preservar a vuestro servidor, N., de todos los maleficios, arterias perfidias y ardides de Lucifer, y de perseguir vuestro santo nombre, para que siempre alabado sea. Preservad la vista, el pensamiento, las obras, los hijos, los bienes, animales, sembrados, árboles, viandas y bebidas, no permitiendo que vuestro servidor, N., sufra ninguna asechanza del demonio; antes bien, iluminadle dándole la vista conveniente para ver y observar vuestras maravillas en la obra de la naturaleza; rectificad mi entendimiento para que pueda contemplar vuestros favores y dirigir los negocios a un buen fin; desatad mi lengua para cantar las alabanzas de vuestra bondad, diciendo: Alabado seais, Dios Padre, Dios Hijo, Dios Espíritu Santo, tres Personas en un solo Dios, que todo lo ha creado de la nada. Si tengo torpeza en las acciones, dignaos desentorpecerlas para emplearlas en obras de vuestro agrado: si mala dirección en los bienes, hijos y demás dependientes de este vuestro servidor, N., os suplico, Señor, la troquéis en buena, para emplearla en un todo en vuestro santo servicio; y finalmente aceptad, oíd, y concededme lo que voy a pediros, en pago del sacrificio que hicieron de sus vidas vuestros mártires Cipriano y Justina, con las siguientes plegarias:

Señor, apiadaos de mí
Jesucristo; apiadaos de mí.
Señor; oídme.
Jesucristo; oídme.
Dios Padre, que estáis en el cielo;
Dios Hijo, Redentor del mundo;
Dios Espíritu Santo; apiadaos de mí.
Santa Trinidad; apiadaos de mí.

Todos los santos Angeles y Arcángeles; rogad por mí.

Todos los santos Apóstoles, Evangelistas y Discípulos del Señor; rogad por mí.

San Sebastían, San Cosme y San Damían, San Roque, Santa Lucía y San Lorenzo; rogad por mí.

Todos los santos Pontífices y confesores.

Todos los santos Sacerdotes, Levitas, Religiosos, Anacoretas, Vírgenes, Viudas, Santos y Santas; interceded por mí.

De todo mal; libradme, Señor.

De todo pecado; libradme, Señor.

De vuestra ira; libradme, Señor.

De muerte repentina; libradme, Señor.

De los lazos del demonio; libradme, Señor.

De relámpagos, truenos y tempestades; libradme, Señor.

De terremotos, libradme, Señor.

Angeles de Dios; oídme.

Prestadme vuestra ayuda.

Sin vosotros mi corazón pierde toda su fuerza.

Sean llenos de confusión los que atenten contra mi vida espiritual.

"–¡Ea, ea!– van gritando
Ya caerás en nuestros lazos:
te seguiremos los pasos,
y en ellos tropezarás".
Pero los que Vos amáis, Señor.
os honran noche y día,
y por esto con alegría
invocan a su Libertador.

Dios clemente, Vos conocéis mi miseria, mi pobreza y mi flaqueza; vuestro auxilio no me neguéis.

Mostraos, Señor, mi defensor en la persecución de mis enemigos.

Huíd, amigos de mi desgracia. En mi Dios he encontrado gracia; huíd.

Que estos enemigos sean confundidos y alejados, Señor.

Que vengan truenos y tempestades de mala influencia, para que se alejen de mi presencia.

Sean inútiles, Señor, de mis enemigos los pasos.

Líbrame de sus asechanzas, Señor.

Concededme esa gracia, Señor.

Salvad, Señor, a vuestra sierva: os lo

suplico por vuestro amor.

**Señor, oíd mi súplica; y que el grito de mi corazón llegue hasta Vos, Dios mío.**

## ORACION

Dios mío, cuyo principio es apiadarse y perdonar al pecador. Acoged benigno mi plegaria y haced por vuestra clemencia y piedad, que yo y cuantos estén atados con el lazo de la culpa, sean desatados y absueltos. También os ruego, Señor, que mediante la intercesión del glorioso mártir San Cipriano, seamos libres de todo maleficio y poder del maligno espíritu. Amén.

## ORACION AL APOSTOL SAN PABLO

Bienaventurado Santo, a quien un destello de la divina gracia convirtió súbitamente, de corifeo del error y encarnizado enemigo de la Cruz, en discípulo de la verdad, apóstol de las gentes y defensor acérrimo de la causa de Jesus crucificado: Rogad por mí, celoso propagador del Evangelio, y alcanzadme de Dios

nuestro Señor, quien por un rasgo de amorosa clemencia, os derribó vencido a su presencia, para levantaros convertido y dispuesto a la apostólica misión para la cual os tenía destinado; que también caiga yo aplastado por la enorme pesadumbre de mis culpas, y que alumbrado por los resplandores de la divina gracia, pueda levantarme contrito y penitente, para seguir vuestras huellas en el camino de la fe y de la caridad cristianas, hasta llegar a la celestial Jerusalén, en donde pueda loar al Señor, por toda la eternidad. Amén.

*Padre nuestro, Ave María, Gloria y Credo.*

## ORACION A SAN ANTONIO DE PADUA

Dios y Señor de las Dominaciones, a cuyo poder está sujeta toda humana y angélica criatura; que concedisteis a vuestro amado

siervo San Antonio, el privilegio de que sus devotos hallen las cosas perdidas: Os doy infinitas gracias por lo mucho que favorecisteis a este glorioso Santo, y os pido, por su intercesión, concedáis a mi alma luz celestial, y eficacia que domine y refrene mis apetitos desordenados, para seguir vuestras divinas inspiraciones; que no pierda yo la joya preciosísima de vuestra gracia, y si por mi desgracia la hubiera perdido, que la halle prontamente. Amén.

## RESPONSORIO DE SAN ANTONIO DE PADUA

Si buscas milagros, mira
muerte y error desterrados,
miseria y demonio huídos,
leprosos y enfermos sanos.

El mar sosiega su ira;
redímense encarcelados;
miembros y bienes perdidos
recobran mozos y ancianos.

El peligro se retira;
los pobres van remediados.
Díganlo los socorridos;
cuéntelo los paduanos.

El mar sosiega su ira;
redímense encarcelados;
miembros y bienes perdidos
recobran mozos y ancianos.

Gloria al Padre, gloria al Hijo
gloria al Espíritu Santo.

El mar sosiega su ira;
redímanse encarcelados;
miembros y bienes perdidos
recobran mozo y ancianos.

Ruega a Cristo por nosotros,
Antonio glorioso y santo,
para que dignos así
de sus promesas seamos.

Amén.

*Padre Nuestro y Ave María*

## ORACIO DE SANT AGUSTI

*Per demanar alivi a Déu, en qualsevol aflicció i necessitat*

¡Oh, dolcíssim Senyor Jesucrist, verdader Deu i Home, que fóreu enviat per vostre Pare Omnipotent al Mon, per a salvar als pecadors, i també per a deslliurar aquells que están posats en les presóns; per a congregar al dividits; per a tornar als pelegríns a ses terres; per a tenir misericórdia dels contrits de cor, i consolar als tristos i afligits! Dignauvos, Déu i Senyor meu Jesucrist, de deslliurar i tréurer aquest indigne servidor vostre, N., de la tribulació i aflisció en que está possat.

Vós, Senyor, que sou guarda de tot el llinatge humá, i amb vostra santíssima Passió i preciosa Sang, maravellosament ens comprareu el Paradís, i posáreu pau entre els Angels i els homes, dignau-vos establir i posar pau entre mi i els meus enemics; mostrar vostra grácia sobre de mi; infundir vostra misericórdia, i extingir i mitigar tota la ira i odi que tenen contra de mi els meus enemics; i, aixis como llevâreu la ira i odi de Esaú, que contra del seu germá Jacob tenía, vullau, bon Jesús, mostrar sobre mi, N., servidor vostre, vostra grácia i deslliurar-me de tots aquells que em tenen rencor, Amén, Jesús.

*Pare nostre, Ave María, Salve i Credo*

# ORACION AL ANGEL DE LA GUARDA

Angel de la paz, Angel de la Guarda, a quien soy encomendado, mi defensor, mi padre, mi vigilante centinela: Gracias te hago que me libraste de muchos daños y peligros del cuerpo y del alma. Gracias te hago, que estando durmiendo, tú me velaste, y despierto, me encaminaste; al oído, con santas inspiraciones me avisaste: yo, encenagado en los vicios mundanos, no me valía de tus consejos, y como desgraciado, no me curaba. Perdóna-

me, amigo mío, mensajero del cielo, consejero y protector y fiel guarda mía; muro fuerte de mi alma, defensor y compañero celestial. En mis desobediencias, vilezas, desvergüenzas y mis muchas descortesías que hoy cometí en tu presencia, tú siempre me ayudaste y guardaste. Ayúdame y guárdame siempre, de noche y de día. Amén.

*Padre nuestro y Ave María.*

## ORACIO A SANT ROC

Oh, Déu clementíssim, que per medi d'un Angel, donáreu al benaventurat Sant Roc una taula, dient que qualsevol que de cor Linvocará, será deslliurat de pestiléncia! Vos suplico que tots els que recorrem a son amparo, siam deslliurats de tot contagi de cos i ánima, per la seva intercessió, i pels mérits de Jesucrist nostre Senyor. Amén.

*Padre nostre, Ave María i Gloria.*

## CURIOSO SECRETO MISTICO PARA GUARDAR EL GANADO

Escribirás sobre un pergamino, el Viernes Santo, durante el oficio de la Pasión, lo siguiente:

Oteos † a Oxthoo †, Noxio †, Bay †, Glay †, Apenih †.

Luego, doblarás este escrito y lo pondrás en el puño del cayado de pastor y, plantado y clavado en tierra, en medio del rebaño, no se separarán a 20 pasos una res de otra, ni del cayado.

## OTRO, PARA CURAR EL GANADO HINCHADO Y GUARDARLO

Dirás: "Goyet Magog et super Magog, et consummatum est"; y le harás la señal de la cruz en el pie izquierdo, diciendo las mismas palabras (las que dirás también al entrar en el prado), y el ganado será guardado. Esto es para guardarlo, y para curarlo, si hay reses hinchadas, se les dirán las mismas palabras, 3 veces a cada una, teniéndolas derechas sobre sus dos pies traseros, sin que estén con pena ni agitación. Es probado.

## ASOMBROSO SECRETO, CIERTO Y PROBADO

A cualquiera que caiga con mal de *San Pau*, se le puede levantar en el acto, sin mal ninguno, con admiración de los circunstantes. Soplarás a la oreja del que ha caído con el mal, y dirás estas palabras, 3 veces: *Criatura, oye a tu Criador; Criador oye a tu criatura, Gaspar, Melchor, Baltasar, levántate por la Santísima Trinidad;* y se levantará al momento.

## SECRETO PARA GUARDAR EL GANADO EN LOS CORRALES, GALLINAS Y DEMAS ANIMALES, DEL LOBO Y LAS ZORRAS

Dirás, cada semana, un día sí y otro no, empezando por el lunes (y sin contar el domingo), en los sitios cercados o corrales donde estén los animales, santiguándose en cada cruz y bendiciendo con la mano al corral con el ganado:

En el nombre del Padre † y del Hijo †, y del Espíritu Santo †. Lobos y Lobas, Zorros y Zorras, machos y hembras, yo os conjuro en el nombre de la muy santa, sobresanta, tres veces santa e individua Trinidad, y en este nombre de Nuestra Señora cuando fué encinta, que no vayáis a tomar ni matar ninguna cabeza de ganado, sean machos o hembras; ni a ninguna ave de plumas de ese corral ni a comer sus nidos, ni chupar su sangre, ni romper sus huevos, ni hacerles ningún mal.

# ORACION CONTRA RAYOS, PIEDRAS, HURACANES Y TEMPESTADES, AUNQUE SEA POR MALEFICIO

Christus Rex venit in pace. Et Deus Homo factus est, et Verbum cara factum est. Christus de Virgine natus est. Christus per medium illorum bat in pace. Christus crucifixus est. Christus mortuus est. Christus sepultus est. Christus resurrexit. Christus ascendit. Christus imperat. Christus regnat. Christus ab omni fulgore nos defendat. Deus nobiscum. Amén.

Yo te conjuro, N., (aquí se dice nubes, huracán, granizada o pedrisco, tormenta o manga de agua, etc.), en nombre del gran Dios viviente, Adonay, Elosín, Teobac y Metratón, que te disuelvas, como la sal en el agua, y te retires a las selvas inhabitadas y barrancos incultos, sin causar daño ni estrago a ninguno.

Harás la señal de la cruz a las cuatro partes del mundo; y si es manga se cortará lo mismo, pero ha de tener un cuchillo de revés en la mano izquierda (el mango en la mano y la hoja atrás). Y levantarás el brazo en alto, haciendo cruces como quien corta, hacia las cuatro partes del mundo, si es nube; y si es manga, a la manga sola, y repetirás:

Yo te vuelvo a conjurar por las cuatro palabras que Dios mismo habló a Moisés: "Uriel, Seraph, Josafa Ablaty, Agla Caila", que ceda tu fomento. Te conjuro que te disuelvas en el momento, por Adonay. Jesús autem. Jesús superautem. Superautem Jesús. *Padre nuestro* hasta en la tentación.

Lagarot †, Alphonidos †, Paatia †, Urat †, Condion †, Lamarcrom †, Iodón †, Arpagón †, Atamar †, veniat Serabani †.

## MODO DE QUITAR EL FUERTE MAL DE VIENTRE, EN SEGUIDA

Harás 9 cruces en el ombligo, y a cada cruz dirás:

† Ostevum †, Ostesa †,
Malehit †, Bányat †,
Amb poca palla †,
Mal de ventre †, ves-te'n
d'aquí aviat †,
que Déu t'ho mana †.

*Esto se repite 3 veces, y se rezan tres Padre nuestros a la Santísima Trinidad.*

## PARA SALVAR LA VIDA EN LA GUERRA

Dirás: "Señor, que no habéis querido que vuestra túnica fuese partida en pedazos, sino que fuese jugada en suertes, hacedme a mí la gracia de que yo logre salvar mi vida en esta guerra. Señor, libradme de morir en ella. Señor, libradme a mí, si queréis". Dirás 3 veces el Padrenuestro, por las víctimas de la guerra.

## ORACION

*Enviada como un exquisito regalo, al serenísimo Carlos el Grande, Emperador de Hesse y de la Germania.*

San León, Papa, ha reunido y puesto por obra la oración que sigue, de las mismas palabras y preceptos de nuestra Santa Madre Iglesia, y la envió a Carlo Magno, diciendo.

"Si vos creéis firmemente y sin ninguna duda, cada día que digáis la oración en nuestro retiro o recogimiento, con devoción, y la llevéis sobre de vos con respeto, sea en la guerra, sea en el mar o en cualquier parte que os encontréis, ninguno de vuestros enemigos tendrá poder sobre vos: seréis invencible, y ganaréis fácilmente las batallas; os libraréis de los más grandes peligros, enfermedades y desgracias, en nombre de nuestro Señor Jesucrito. Amén."

En obsequio y memoria del mismo Pontífice, agradecido y lleno de fe el Rey Carlos la hizo escribir en letras de oro, llevándola siempre sobre él con mayor cuidado y el más grande respeto y devoción.

Ningún mortal puede explicar la virtud y gracia de esta oración. Si los hombres conocieran su virtud y excelencia, la dirían cada día con mucha fe y no dejarían de llevarla siempre consigo; en tal manera, que no se encuentra ninguna persona que diga que habiendo recitado esta oración, se haya visto abandonada de Dios en sus necesidades, y que no haya alcanzado lo que deseaba, y la experiencia innegable de haberla hecho conocer a otros. Así, el que la diga cada día con devoción, y la lleve encima con respeto, no tendrá ninguna alteración en el alma ni en el cuerpo (guardando los mandamientos divinos), por la gloria y alabanza de Dios todopoderoso, de la gloriosa Virgen María, su Madre, y de toda la Corte celestial, por cuyo medio será preservado del hierro, del agua, del fuego, y de una muerte repentina. El diablo mismo no tendrá ningún poder sobre él; no morirá sin confesión, y su enemigo no le podrá hacer mal, ni durmiendo ni en camino; y en cualquier parte que esté, no será nunca vencido ni hecho prisionero. Esta oración es maravillosa contra las tempestades, los truenos y rayos; y si se dice encima de un vaso de agua bendita, haciendo asperciones, o bendiciones en forma de cruz, al sitio o nublos, al instante se acabará la tempestad y los truenos.

Si se encuentra dentro del mar, diciendo la oración 3 veces, no le sucederá aquel día ningún accidente funesto, ni tempestad; y si se dice 3 veces sobre de una persona de la que esté posesionado el mal espíritu, tendrá ella, u otra persona en su representación, una vela bendita encendida en la mano derecha y será libre inmediatamente.

Si alguna mujer se encuentra en peligro de parto, se le dará una vela bendita encendida y se le dirá la oración, y se verá luego libre del parto. Si alguno se ha de poner en camino, antes de marchar léala, o hágala leer, y llévela encima, que no tendrá ningún accidente en su viaje, de ninguna manera; y si viene a morir, se salvará, porque tendrá tiempo de formar un buen acto de contricción, por la gran misericordia de Dios, que obra por esta oración, lo cual ha sido experimentado por muchas personas.

También tiene propiedad de servir contra toda clase de encantos y encantamientos, sortilegios, caracteres, visiones, ilusiones, posesiones, obsesiones, impedimentos, ligamientos, maleficios, y todo lo que nos pueda suceder por arte de brujas, o incursión del diablo.

También contra todas las cosas que pueden ser dadas a los caballos y yeguas, bueyes, ovejas, y otras especies de animales, etc.

---

Crux mihi certa salus.
Crux est quam semper adoro.
Crux mihi refugium.
Crux Domini mecum.

# DIVINO JESUS, PERDONADNOS

## ORACION

***Esta es la milagrosa oración de San León***

¡Oh, Verbo que os habéis encarnado, clavado en una cruz, sentado a la diestra de Dios Padre! Yo os adoro por vuestro santo nombre, a la pronunciación del cual todo hombre se humilla. Vos que escucháis las súplicas de todos los que en Vos confían y creen, dignaos preservar a esta criatura, N. (aquí el nombre), por vuestro santo nombre, por los fines y la pureza con que os dignasteis honrar a la Santísima Virgen, vuestra Madre, y por las súplicas, dignidades y virtudes de todos los Santos de Dios, de todo ataque de maleficio por parte de los demonios y de los malos espiritus. Vos que vivís y reináis con Dios Padre † y el Espíritu † Santo, en unidad perfecta. Amén.

## CONJURO

Aquí tenéis la Cruz † de nuestro Señor Jesucristo (se enseña la Cruz), de la que depende nuestra salud, nuestra vida, nuestra resurrección espiritual, la confusión de todos los demonios y malos espíritus. Huid, pues, marchad de aquí, demonios, enemigos conjurados de los hombres, en nombre de Jesucristo, porque yo os conjuro a vosotros, demonios infernales, espíritus malignos, cualesquiera que seáis, presentes o ausentes, bajo cualquier pretexto que seáis, llamados o conminados, o por vuestra voluntad, o por la fuerza, por amenazas, por artificio de hombres o mujeres malas, por morar o habitar: yo os conjuro otra vez, por temerarios y obstinados que seáis, de obedecer y dejar a esta criatura, N., hechura de Dios, y redimida por Dios, y perteneciente a Dios. Os lo mando por el gran Dios viviente, por el verdadero Dios, por el Dios Santo †, por el Dios Padre †, por el Dios Hijo †, y por el Dios Espíritu Santo †, también Dios; pero principalmente por Jesús rautem, Jesús superautem, por superautem Jesús, por Aquél que fué inmolado en Isaac, vendido en José; que siendo hombre fué crucificado; que ha sido como degollado inocentemente como un corderito; por la sangre de Aquél a cuyo mandato San Miguel combatió con vosotros, demonios, y os hizo huir cuando queriais presentaros y sentaros en el trono de Dios ¿Quién como Dios fuerte y sano? Yo os prohibo de su parte, y por su autoridad, que bajo cualquier pretexto que sea, podáis hacer ningún mal a esta criatura, N., ni a nosotros, ni morar en ella, ni en estos sitios, ni dentro ni fuera de su cuerpo, ni de estos sitios, a 100 leguas a la redonda; sea que duerma, que vele, que coma, que rece y que trabaje, o que obre natural o espiritualmente. Yo os digo que si sois rebeldes a mi voluntad, valido como estoy por la de Dios, y por su gracia y misericordia, aunque indigno, pero lleno de fe viva, echaré sobre vosotros todas las maldiciones y excomuniones de todos los Santos: San Pedro y San Pablo, San Antonio de Padua y San Antonio Abad, San Benito y San Cipriano. Deshago todos vuestros enredos y compromisos de todos los magos, brujos y brujas; caracteres, jeroglíficos, y hasta las mismas firmas y pactos con palabras y acciones, de todas materias vegetales, sangres, animales, con el nombre de las tres veces santa Trinidad, Dios Santo, Dios fuerte, Dios inmortal, que estamos seguros y libres de vuestro mal: Agios, Sother, Mesías. Emmanuel, Sabahot, Adonay, Athanatos, Ischiros, Eleison, Oteos, Eloy, Saday, Agla, Alpha et Oméga, Jeová, Profeta, Camino, Verdad, Vida, Eternidad, Glorias Tetragrammaton. ¿Quién como Dios? Yo os conjuro a su nombre, por sus santos nombres, por sus méritos y virtuosa gloria, y os mando os marcheis inmediatamente, y deshago todo encanto y posesión vuestra, † Lagarot, Alphonidos, paatia, Urat, Condion, Lamarcron, Fondon, Arpagón, Aamar, Bourgasis Veniat Serabani. Et Verbum caro factum est, et habitavit in nobis. Yo os condeno, de parte de la muy santa Trinidad, a que vayáis al estanque del fuego y del azufre, donde seréis llevado y atormentados a la voz del bienaventurado San Miguel. Y si sois forzados a hacer mal por algún mandato, ya sea dandoos culto o adoración, y perfumes, o que hayan echado alguna suerte por palabras o por magia, sea sobre hierbas, sobre piedras, o en el aire, o en el agua de fuentes, ríos, lagunas, estanques, o en el mar, o que eso se haya hecho natural o sencillamente, o con composición, y que esas cosas sean temporales; o si se han servido de cosas sagradas, aunque se haya empleado en el nombre de Dios, o de sus Angeles; que se hayan servido de caracteres, que hayan examinado las horas, minutos, días, semanas, meses, o años, lo mismo. Aunque hayan hecho con vosotros algún pacto tácito y manifiesto, **aunque haya sido con juramento solemne: yo rompo y destruyo y doy por nulas todas esas cosas, por la virtud y poder de Dios Padre †,** que ha criado a todas las cosas; por la sabiduría del Hijo †, Redentor de todos los hombres, y por la voluntad del Espíritu Santo †: escudado con el escudo de San Miguel, donde dice: "¿Quién como Dios?" En una palabra, por Aquél que ha cumplido la ley enteramente; que es, era y será siempre, Omnipotente, Agios, Athanatos, Sother, Tetragrammaton, Jeová, Alpha et Oméga, principio y fin: en una palabra, que todo el poder infernal sea destituído y huído de esta criatura, N. (y de estos sitios), por la señal de la santa Cruz sobre la cual Jesucristo ha muerto, y por la encarnación de los santos Angeles, Arcangeles, Patriarcas y Profetas, Apóstoles, Mártires y Confesores, Vírgenes y Viudas, y de la bienaventurada Virgen María, y, en general, de todos los Santos que disfrutan de la presencia de Dios desde la creación del mundo, como también de las ánimas santas que viven bajo la Iglesia de Dios. Rendid vuestros homenajes al Dios muy alto y poderoso, y que ellos penetren hasta su solio (trono), como el humo del corazón de aquel pez que fué quemado por el Arcángel San Rafael; desapareced de aquí, como el espíritu inmundo huyó de delante de la casta Sara. Que todas estas palabras sagradas y bendiciones os hagan marchar, no permitiéndoos que os acerquéis más a esta criatura. N., que tiene el honor de llevar en su frente la marca y señal de la Redención y Santa Cruz †; pues el mandato que yo os hago ahora no ha salido de mí, pero sí del que ha sido enviado del Señor, Padre Eterno, a fin de destruir vuestros maleficios, y eso lo ha hecho padeciendo la muerte en el árbol santo de la Cruz; y nos ha dado el poder de mandaros salir, por su gloria y utilidad de los fieles sus redimidos. Y así os prevenimos, según el poder recibido de nuestro Señor Jesucristo, y en su nombre, que hayáis y no os acerquéis más a esta criatura, N., ni a estos sitios; huíd y desapareced de la vista de la Cruz. El león de la tribu de Judá ha vencido, así como la familia de David. Aleluya. Amén. Amén.

*Tres padrenuestros, en honor de la Santísima Trinidad, y a las almas del purgatorio.*

Christus vivit. Christus regnat. Christus ab omni malo te defendat. Maledicti et excommunicati daemones, in virtute istorum factorum Dei, nominum; Messias, Emmanuel, Sother, Sabahot, Agios, Ischiros, Athanatos, Jeová, Adonay et Tetragrammaton, vos constringimus, et separamus a creatura ista, N., et ab omni loco et domo ubi fuerint haec nomina, et digna Dei, praecipimus vobis, atque ligamus vos ut non habeatis potestatem per pestem, nec per aliquod quodcumque maleficium nocere, ei, incantationem, neque in anima, nec in corpore.

Ite, ite, ite, maledicti, in stagnum ignis, sive ad loca vobis a Deo assignata. Imperat vobis Deus † Pater. Imperat vobis Deus † Filius. Imperat vobis Deus † Spiritus Sanctus. Imperat vobis Sanctissima Trinitas unus Deus.

## OREMUS

Accipiat quaesemus, Domine Deus noster, bene † dictionem tuanm creatura tua ista, qua corpore salvetur, et mente congruamque tibi exhibeat servitutem, atque tuae propitiationis beneficia semper inveniat. Per Chistum, etc.

Esta nómina tiene muy eficaz virtud contra la peste; es un especial preservativo y antídoto contra el veneno; echar los demonios del cuerpo y de cualquier sitio; no hay tristeza ni mala sombra en la habitación donde esté puesta; reina la paz y alegría; es contra todo maleficio diabólico y encantos. Libra de rayos; sirve de refugio en las tempestades. Socorre en el parto. Es remedio de la gota serena. Es medicina en los otros males. Es arma poderosa contra toda tentación, particularmente contra la pureza. Libra el ganado de las enfermedades. Finalmente, destruye las maquinaciones del enemigo común y da a los afligidos y tentados consuelo, fortaleza y alivio en la vida y en la muerte.

## LA CRUZ DE SAN BENITO

### MODO DE USAR DICHA CRUZ

Se lleva sobre de la persona. Se podrá colocar en un cuadro, o en las puertas de las habitaciones, o en cualquier paraje de la casa;

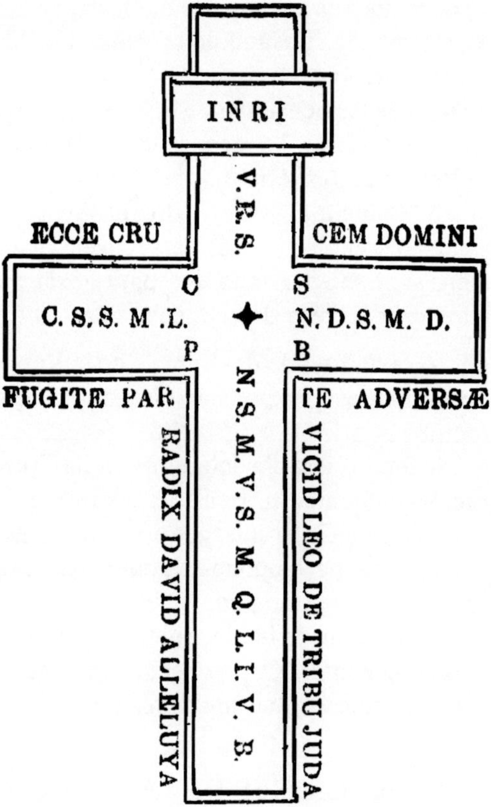


Cruz del Santo Padre Benito

se podrá colocar en la parte dolorida, en caso de enfermedad. Besándola se ganan muchísimas indulgencias.

En todas las ocasiones en que se debe hacer uso de dicha Cruz, se rezan cinco Gloriapatris a la Pasión de Jesucristo, y tres Avemarías a la Virgen Santísima, y un Padrenuestro a San Benito; las cuales preces se aconseja que se recen, si se puede, cada día, para gozar más abundante el fruto de esta devoción.

Esto se ha sacado del libro 2º de la Vida de San Benito, escrita por San Gregorio, Papa y Doctor.

Y diciendo cada día delante de dicha Cruz la oración siguiente Sn. Benito, pues reveló este Santo a Santa Gertrudis, que asistiría a la hora de la muerte, para oponerse poderosamente a todos los ataques del poder infernal del enemigo, al devoto que la hubiese rezado diariamente. Y Clemente XVI concedió indulgencia plenaria cada vez, al que la rezare.

## EXPLICACIONES DE LAS LETRAS

Las cuatro letras colaterales, o de los ángulos de la Cruz, que son C.S.P.B., significan: *Crux Sancti Patris Benedicte.* Cruz del Santo Padre Benito.

Las cinco primeras de la cara horizontal, C.S.S.M.L.: *Crux Sacra Sit Mihi Lux* La Cruz sagrada sea para mí luz.

Las otras cinco, N.D.S.M.D.: *Non Draco Sit Mihi Dux.* No sea el dragón (o demonio) mi guía.

Finalmente, sobre la cara de la elipse, empezando por arriba y volviendo hacia abajo, las catorce letras siguientes: V.R.S.N.S.M. V.S.M.Q.L.I.V.B.: *Vade Retro Sntana. Numquam Suade Mihi Vana Sunt Mala Quae Libas, Ipsa Venena Bibas.* Vete atrás, Satanás. Nunca puedas tú persuadirme la vanidad. Son malas las cosas que tú propagas. Bebe los mismos venenos.

## ORACION

*Que priva a todos, los enemigos, de verle, rezando los seis Padrenuestros y el Credo.*

En el huerto de Diviseo
están San Juan y Homini Deo.

Señor: Los enemigos ves venir;
déjalos venir, guarde a mí.
Y todos los que están a mi lado,
de mí traen los ojos vendados
y el corazón amartillado.
Tengo la Sangre de mi Señor Jesucristo
y no la quiero dar
a So Benaro Bajenaro.
Válgame las palabras del Pan consagrado.

## ORACION

*Esta tiene la misma propiedad*

Con el paño que en la patena
y en el cáliz voy cubierto,
que no me vea preso,
ni herido, ni muerto.

***Se ha de rezar tres veces al día***

## ORACION
### *Para usar la Cruz de San Benito*

Mi amado Padre San Benito: Por aquella distinción con que el Señor se dignó honraros, concediéndoos una muerte tan gloriosa y beatificándoos; os ruego que os dignéis asistirme a la hora de mi muerte, y ejecutar en mí todas aquellas promesas que hicisteis a la bienaventurada Santa Gertrudis. Amén.

*Un Padrenuestro, tres Avemarías y cinco Gloriapatris.*

## OTRA ORACION

En nom de Déu el Pare, en nom de Déu el Fill, en nom de Déu l'Esperit Sant, em guardará i em lliurará de tot mal de cos i de lánima. Amén.

Corona de Crist, Creu de Crist, Sang de Crist, em guardará i em lliurará de tot mal del cos i de l'ánima. Amén.

Jesús de Nazaret, Rei de Jedea: Pel teu sagrat nom i títul, guarda'm i lliura'm de tot mal de l cos i de l'ánima. Amén.

## BENDICION DE LA CASA NUEVA

A Ti, Dios Padre omnipotente, rendidamente pedimos que bendigas nuestra entrada, y te dignes santificar esta casa; y, así como quisiste bendecir la casa de Abraham y de Jacob, e hiciste habitar entre sus paredes a tus santos ángeles, asimismo haz que guarden bien y defiendan a los habitantes de esta casa, de toda alma mala y nuestro cuerpo defiendan dé cualquier maleficio de Satán y sus satélites. Da, Señor, a esta casa la abundancia de virtud celeste, y la multitud de dichas de esta tierra. Por Jesucristo nuestro Señor. Amén.

## CONJURO

*Contra duendes y brujas*

V. En nombre del Señor sea nuestra ayuda.
R. Quien hizo el cielo y la tierra.
V. El Señor sea con vosotros.
R. Y con tu espíritu.

## ORACION

Omnipotente y sempiterno Dios, que comunicaste tu gracia a tus sacerdotes, para que en tu santo nombre se perfeccionasen e hiciesen creer en Ti: Nosotros rogamos a tu clemencia, que nos visites y nos bendigas, como visitaste y bendijiste a ellos, y que extiendas tu mano derecha hacia todo lo que tenemos que hacer, para que sea ayuda de nuestra poca virtud y fuerza, y que por la invocación de tu santo nombre huyan de aquí todos los malignos espíritus, junto con sus satélites, y entren y ayuden tus Angeles puros en esta casa, y guarden a sus habitantes, para que puedan emplearse en tu santo servicio, sin temor de los enemigos, puestas la fe y la confianza en Ti. Por Cristo nuestro Señor. Amén.

V. El Señor sea con vosotros.
R. Y con tu espíritu.

## FRAGMENTO DEL SANTO EVANGELIO ESCRITO POR SAN LUCAS

*Gloria a Ti, Señor.*

En aquel tiempo existía un varón llamado Zaqueo, que era príncipe de los publicanos y muy rico, el cual deseaba ver quién era Jesús, y no podía, por ser muy pequeño de estatura: entonces corriendo se subió a un árbol sicomoro por el lugar donde había de pasar; y llegando Jesús a aquel sitio, llegó y le dijo: Alégrate, Zaqueo, y baja, porque hoy quiero comer en tu casa contigo. Entonces Zaqueo, bajó corriendo y tuvo en ello mucha alegría. Viéndolo los otros, murmuraban diciendo que era extraño que se franquease con un hombre tan pecador. Estando después Zaqueo con el Señor, le dijo: Señor, he aquí todos mis medios de riqueza y subsistencia; si he robado con usura a algunos, prometo devolverlo cuatro veces mayor. Entonces Jesús le dijo que por eso había ido a su casa; para salvarle, y porque siendo todos hijos de Abraham, había venido él. Hijo del hombre, a buscarle y hacerle salvo, del modo que lo podía.

*Alabanza a Ti, Cristo.*

Por la virtud del Santo Evangelio que hemos dicho, desaparezcan y vuelvan a la nada todos los engaños y asechanzas del enemigo infernal; y todas las cosas del maligno espíritu, junto con toda su malicia, marchen inmediatamente de esta casa. Amén.

## ORACION

Señor Jesucristo: Clamando por tu remedio y creyendo con esperanza en Ti, dirige todos nuestros negocios hacia el bien, y da felicidad en esta casa; y quede permanente en ella; y, así, como al venir al mundo lo santificaste todo, y al ir a casa de Zacarías la llenaste de bendiciones con tu presencia corporal, asimismo bendice †, y dígnate santificar esta casa, para que sus habitantes, salvados con tu bendición, se alegren y sirvan contentos y conozcan a Ti, Señor, por único Salvador.

Por Ti que vives y reinas con el Padre, el Hijo y el Espíritu Santo. Amén.

## CONJURO

Contra vos, espíritu rebelde, habitante y arruinador de esta casa; por los méritos de las llagas de Cristo, invocando el auxilio divino y la virtud del dulcísimo nombre de Jesús, junto con el de la sagrada Virgen María, de los santos Angeles y beatísimos Apóstoles, Mártires, Confesores y Vírgenes y todos los Santos; conjuro contra vos y mando que sin demora marchéis de esta casa, haciendo disolver cualquier maleficio que hayáis echado vos, o cualquiera de vuestros ayudantes; y cualquier maleficio yo lo disuelvo en nombre de Jesús de Nazaret, y deseo que se disuelva; y te ato con el precepto formal de obediencia, para que no puedas permanecer, ni volver a hacer venir a otros, y no puedas perturbar ni maleficiar nuestro negocio, bajo la pena de permanecer continuamente en el fuego y azufre ardiendo por millares de años.

En el nombre de nuestro Señor Jesucristo, que vive y reína con el Padre, el Hijo y el Espíritu Santo. Amén.

*Andese toda la casa, haciendo cruces con agua bendita e instrumento cortante, en cada pared de los aposentos, diciendo:*

He aquí la cruz de nuestro Señor Jesucristo, Salvador del mundo. Marchaos, espíritus contrarios.

## TESTAMENT DE CRISTIA

Jo, N., entrego la meva ánima en mans de

mon Criador i Redemptor. El cos, el deixo perqué es restitueixi a la terra, de la qual ha eixit.

Renuncio, amb prompte ánim, els bens, honres, i delícies temporals; i solament desitjo gaudir de Vós suprem bé meu, i Senyor meu.

Tinc un gran dolor dels meus pecats, per quant vos he graument ofés, Déu meu, a qui aimo sobre totes les coses; y prometo, adjudat de vostra divina grácia, esmenar-me, i donar-vos una complerta satisfacció.

Perdono tots els agravis, i demano humilment a tot el món, que em perdoni.

Crec tot lo que la Santa Església Católica em proposa créurer.

Espero que, per vostro infinita misericórdia, Déu meu, alcancaré la remissió dels meus pecats, i la vida eterna.

A Vós, verdader Déu, Tri en Persones, suprem i únic bé meu, jo aimo de tot mon cor, de tota la meva ánima, i amb totes les meves forces.

Accepto de vostra má, i vos dono les grácies de totes les prosperitats; i em someto totalment a vostra divina Providéncia i Voluntat santíssima.

Aquesta és la meva última voluntat, en confirmació de la qual, prego em serveixin de testimonis, i em patrocinin amb son amparo, la benaventurada Verge María y tots els Sants patrons meus. Amén.

## ORACIO

Déu i Senyor nostre, que, havent mort de feridura el benabenturat Andreu Avelino, estant oferint en Paltar el sant sacrifici de la Missa, li féreu grácia, per vostra pietat, de rébre'l en l'etern Santuari de vostra glória: Dignauvos, per vostra misericórdia, i pels seus mérits i intercessió, concedir-nos que, essent deslliurats de tot perill en el fi de nostra vida, i conhortats amb els sants Sagraments, mereixém ésser rebuts, amb tota felicitat, en l'etern Tabernacle de vostres servidors. Per Jesucrist Senyor nostre. Amén.

## ORACIO A SANTA ELENA

Lena, Lena, Lena,
filla del Rei i Reina,

a Betlem se'n va aná,
i a Judas va praguntá:
–Judas, digas-me la veritat
de lo que serás preguntat:
¿Ahónt és la creu de Crist?
I els tres claus i la corona,
dígas-me: ¿ahónt són posats?
–Elena, Elena, això
jo no vos ho diré,
perqué jo no ho sé.
Camineu, caminareu,
que una Mort hi trobareu
que vos ho dira.
–Mort i Mort,
em dirás la veritat:
La creu, corona i els tres claus
de Crist, ¿ahónt són posats?
–Elena, Elena, això
jo ja vos ho diré,
perqué jo ja ho sé.
que una muntanya de Sang hi troba-
un cávec, i un cabás. [reu;
Camineu, caminareu,
Cava i cavarás,
que le creu, corona i els tres claus
de Crist, hi trobarás.

SANTA ELENA

L'un clau, el tirareu
a la mar blava, pels pobres navegants;
i aquella mar blava es va amansí.
L'atre clau, el dareu
a vostre fill Constantí,
per aquella batalla en que vencé.
L'altre clau, és per Vós, Elena.
Vos lo demano
que me'l concediu a mi, N.,
i que l'apliqueu sobae....

*(Lo que es vulgui demanar).*

Axis sia. Amén.

*Tres Parenostres per cada creu de romaní.*

## OFERIMENT

Santa Elena gloriosa: Aquests nou Parenostres, i nou Avemaries, i nou Gloriapatris, i aquestes tres oraciones, vos els ofereixo per aquella tan gran alegría que tinguéreu quan trobáreu la creu, la corona, y els tres claus de Crist. Aiximateix vos, demano que m'el concediu a mi, N.; que em concediu de Jesucrist i la Santíssima Trinidat, tot lo que vos he demanat per... (etc., etc.), i totes les coses, i tot lo que desitjo i pretenc.

A la creu, rendit, adoro.
Es la creu, per mi, salut.
Es la creu tot mon socors.
Guardi'm Déu per sa virtut.

*Tres Parenostres a la Santíssima Trinitat.*

## DEVOCION AL CORAZON AGONIZANTE DE JESUS

¡Oh, misericordioso Jesús, abrasado en ardiente amor de las almas! Por las agonías de vuestro sacratísimo Corazón y por los dolores del de vuestra inmaculada Madre, os suplico que lavéis con vuestra preciosa sangre las manchas y errores de todos los pecadores que se hallen en la agonía y tengan que morir hoy Amén.

*Jaculatoria.* ¡Oh Corazón agonizante de mi amador Redentor! Tened misericordia de los infelices moribundos. Amén.

## ORACION A JESUS CRUCIFICADO

### *Preparatoria para hacer peticiones*

Miradme, ¡oh, mi amado y buen Jesús!, que, postrado en vuestra santísima presencia, os ruego con el mayor fervor, imprimáis en mi corazón los sentimientos de fe, esperanza, caridad, dolor de mis pecados y propósito de jamás ofenderos; mientras yo, con todo el amor y compasión de que soy capaz, voy considerando vuestras cinco llagas, comenzando por aquello que de Vos dijo, ¡oh, mi Dios!, el santo profeta David:

*Han taladrado mis manos y mis pies, y se pueden contar todos mis huesos.*

## OTRA, PARA HACER FORTUNA

En nombre de nuestro Señor Jesucristo, Padre, Hijo y Espíritu Santo, sólo un Dios es esencia y trino en persona; yo te invoco, Espíritu †, Espíritu, Espíritu bienhechor, para que seas mi ayuda, mi apoyo; protejas mi cuerpo y mi alma, acrecientes mis riquezas, seas mi tesoro por la virtud de la Santa Cruz, de la pasión y muerte del Todopoderoso; yo te requiero por todos los Angeles de la corte celestial, por los padecimientos de la bienaventurada siempre Virgen María, y por el Señor de los ejércitos que ha de juzgar a los vivos y a los muertos.

A Vos, que sois alfa y omega, Emperador de reyes, Mesías, Señor y Dios mío, a quien todos los Santos invocan, yo os considero y os bendigo y, por vuestra preciosa sangre que derramasteis para salvar al pecador, os suplico os dignéis celebrar mis votos. Amén.

*Tres Padrenuestros a la Santísima Trinidad y un Padrenuestro al Eterno Padre porque siga mis pasos. Amén.*

## ORACION A SAN FRANCISCO

¡Oh, glorioso Padre San Francisco!
Lleno de amor y caridad os he visto.
Cristo entregó las llagas a Vos.
Rogad, por el amor de Dios,
que cuando yo me muera,
Vos seáis en mi cabecera.
Mi alma la entregaré a Vos,
y Vos la entregaréis a Cristo.

*Se pide lo que se desea y se dice un Padrenuestro, Avemaría y Gloriapatri.*

## ORACION PARA LIBRARSE DE LOS ENEMIGOS, Y LA OPERACION QUE SE DEBE HACER

Dios y Señor mío, acuérdate de mí, y vuélveme, Dios mío, las antiguas fuerzas para que yo pueda librarme de mis enemigos.

*Con la mano izquierda se toma un limón y se dice lo siguiente*

Limón, has de saber que ningún mágico se ha puesto contra mí, N., porque el rey Saday, éste es el mágico conjurado desde el fondo de Anereoraene, pues en todos ésos puede pedir homenaje.

(Esto se hace 9 días seguidos, y se dice 3 veces cuando se hace la operación, y luego el limón se tira al fuego, y si se hace al dar la media noche, es mejor; y cuando se tiene el limón y se dicen las palabras, siempre se mira al limón).

## UTILIDADES

*Espirituales y temporales del agua bendita,*

*que se contiene en las oraciones con que se bendice.*

Son muchas y grandes las utilidades que consiguen los fieles con el agua bendita, cuando la toman o emplean devotamente, como leemos en las oraciones con que la bendice la santa Iglesia para remedio de nuestras necesidades espirituales y corporales. Las principales son las siguientes:

UTILIDADES ESPIRITUALES

1ª. Ahuyenta los demonios, tanto de las habitaciones como de las personas.

2ª. Preserva de los sustos y fantasmas del diablo.

3ª. Por ella se perdonan los pecados veniales.

4ª. Da fortaleza para resistir a las tentaciones y huir las ocasiones de pecar.

5ª. Libra de los malos pensamientos.

6ª. Precave de las asechanzas internas y externas del enemigo.

7ª. Nos facilita el favor y la asistencia del Espíritu Santo, consolando y alegrando el alma, excitándola a devoción; y disponiéndola para orar.

UTILIDADES TEMPORALES

1ª. Preserva de enfermedades.

2ª. Purifica el aire de todo contagio.

3ª. En fin, a todos los que la usan, da salud en el alma y en el cuerpo, supuesto el estado de gracia, porque la puede aumentar por fruto de su devoción.

Mas para conseguir todo esto, se ha de tomar o usar el agua bendita, no por mera costumbre, sino con fe viva, y uniendo nuestra intención con la intención y oración de nuestra Santa Madre la Iglesia. De este modo la usaba Santa Teresa, y por eso alcanzó por su medio tantos favores, como ella misma lo dice en el capítulo 31 de su Vida, con estas palabras:

"De muchas veces tengo experiencia que no hay cosa con que huyan más los demonios para no volver, como el agua bendita: de la Cruz también huyen, más vuelven luego: debe ser grande la virtud del agua bendita; para mí es particular y muy conocida consolación la que siente mi alma cuando la tomo. Es cierto que lo muy ordinario es sentir una recreación que no sabría yo darla a entender, con un deleite interior que toda el alma me conforta. Esto no es antojo ni cosa que me ha acaecido sólo una vez, sino muy muchas, y mirándolo con gran advertencia, digamos como si uno estuviese con mucho calor y sed, y bebiese un jarro de agua fría, que parece todo él sintió el refrigerio. Considero yo que gran cosa es todo lo que está ordenado por la Iglesia, regálome mucho al ver que tengan tanta fuerza aquellas palabras, que así lo pongan en el agua, para que sea tan grande la diferencia que hace a la que no es bendita".

Al tomarla se puede decir: "Por virtud de esta agua bendita, líbrame, Señor, de todas mis culpas y pecados". Y es también muy bueno rogar a Dios, al tiempo de tomarla, por la conversión de los pecadores.

El Excemo, e Ilmo. Sr. Arzobispo de Valencia, D. Joaquím López Sicilia, por su decreto de 9 de Abril de 1835, concedió 80 días de indulgencia a todos los fieles, por cada vez que leyeren esta reseña, o usaren con devoción del agua bendita. Los Ilmos. Sres. Obispos de Segorbe y Albarracín, de aquel entonces, concedieron 40 días de indulgencia cada una, a todos los fieles, por cada vez que leyeren la referida reseña, rogando a Dios por las necesidades de la Iglesia y del Estado.

***Copia de la relación que fué hallada en el Sepulcro de Ntro. Señor Jesucristo, la cual copia tenía escrita en lámina de plata, en su oratorio, el rey D. Carlos II, y dice:***

Habiendo Santa Isabel, reina de Hungría, hecho muchas y muy particulares oraciones a nuestro Señor Jesucristo, para que le fuese revelado todo lo sucedido en su santísima Pasión, Jesucristo le dijo con su propia boca:

"Querida hermana mía, sabrás que los soldados y ejecutores de la justicia que me prendieron en el huerto, fueron ciento cinco, los cuales me dieron en la cabeza treinta puñetazos; a más diéronme ciento dos empellones, con los cuales caí setenta veces hasta llegar a la casa de Anás; a más diéronme cinco puntapiés para hacerme levantar; me dieron ochenta golpes en las espaldas y me tiraron por la trigésima vez. Fuí escupido en casa de Pilatos treinta y tres veces; diéronme estando maniatado en la columna, cinco mil treinta azotes; hiciéronme en el cuerpo ciento dos agujeros; a más me dieron diez empujones, con los cuales caí otra vez en tierra; llevando la

Cruz a cuestas, me dieron otros tres empujones mortales, y las gotas de sangre que derramé fueron treinta mil seiscientas sesenta.

## INDULGENCIAS

A todos los hombres que rezaren en memoria de lo que por ellos padecí, siete Padrenuestros y siete Avemarías, por espacio de doce años, hasta cumplir el número de las gotas de sangre que por ellos derramé, les concedo cinco gracias:

1ª. Indulgencia plenaria.

2ª. Librarlos de las penas del purgatorio.

3ª. Si murieren antes de cumplir los doce años, esperen como si los hubiesen cumplido.

4ª. Lo mismo que a los mártires que han derramado la sangre por mi amor.

5ª. Esperen que yo bajaré del cielo a la tierra a recibir su alma, en compañía de los demás parientes hasta el quinto grado, en caso de hallarse en el purgatorio y todas juntas serán llevadas a mi patria, para gozar de la vida eterna".

También dice que "cualquiera que lleve consigo esta relación, será libre del demonio y no morirá de mala muerte; y la mujer que estuviere de parto, si la lleva juntamente consigo, parirá sin peligro alguno; y en la casa en que estuviere dicha relación, no habrá ninguna mala visión, y cuatro horas antes de su muerte verá a su santísima Madre".

Esta relación fué aprobada por los Tribunales de la santa Inquisición de España.

*Para hacer esta devoción, se deben rezar siete Padrenuestros y siete Avemarías.*

## ORACION

Señor mío Jesucristo: A Ti, que por la redención del mundo quisiste nacer y ser crucificado y reprobado por los judíos, y de Judas, discípulo tuyo, vendido, y, atado como cordero inocente fuiste arrastrado a la muerte indignamente, presentado ante Anás, Caifás, Pilatos y Herodes; acusado de falsos testigos, con azotes y oprobios perseguido, coronado de espinas, abofeteado, escarnecido con la caña, cubierto tu santísimo rostro y faz sagrada, despojado de tus vestiduras y atado en la iniquísima cruz, y en ella colgado y puesto entre dos ladrones, donde te dieron a beber hiel y vinagre, y fué herido y abierto tu costado; ruégote, Señor mío, en tu virtud de tus santísimas penas de las cuales hago memoria y por los méritos de tu preciosísima Madre me libres y guardes de las espantosísimas penas del infierno, y asimismo seas servido de conducirme como condujiste al buen ladrón clavado en la cruz. Tú que reinas con el Padre y con el Espíritu Santo, en los siglos de los siglos. Amén.

Esta oración está escrita en Roma con letra de plomo, en San Juan de Letrán; y dícese que quien rezare cuarenta dias de rodillas, gana más mérito que si ayunase todos los días a pan y agua, y más que si azotase con mimbres e hiciese penitencia en el desierto.

## REVELACIO QUE TINGUE SANT JOAN

*En la illa de Patmos, la qual fou aprobado per l'Església, en el Sagrat Concili Efessí, en el capítulo XVI.*

...Estant, doncs, Sant Joan, després de l'Assumpció de Maria Santíssima al Cel, desconsolat i trist per sa ausência, pregá al Senyor,

que, per son consol, li deixés véurer a aquella Reina Santíssima.

Oí Déu Senyor nostre sa petición. I, essent arrebatat en esperit, l'Apóstol véu allí en el Cel, aprop de son Santíssima Fill, molt gloriosa y resplandenta, a Maria Santíssima; i oí que estava pregant a son Fill, que concedís de sa más poderosa, singulars grácies i favors als qui amb devoció s'aplicarian en la contemplació i memória dels set més principals Dolors que Ella havia patit, en la seva vida, passió i mort. .I Crist Senyor nostre, qui jamai es nega als precs d'aquella Senyora, li respongué:

"Mare i Senyor Vós unclinant-me a vos tra petició.

Primerament: Salut par lol persona qui amb devoció ti acordat dels vostres set Dolors, i en rerament per vos saludará amb set Parenostres i ser asinaires, li conservaré un cor humil i entoncés en mon diví Amor.

La segona grácia será: que el lliuraré de la vista de dimoni, en la hora de la seva mort.

La tercera: tindrá igual mérit y premi en la Glória, com si amb una áspre peniténcia m'hagués servit en el desert per espai de queranta anys.

La quarta: li donaré grácia i forco per qué, ne les tentacions del dimoni, quedi sempre triomfant.

La quinta: no li serán tan sensibles les penes del purgatori.

La sisena: li concediré indulgencia dels seus pecats, i que porti en son cor impresa la meva passió.

La setena, i última, será: que enllá a la Glória, li donaré doblada corona i premi".

*Oh, promeses d'un Fill, que, per les atencions de sa dolorida Mare, són les més benignes per nostre consol!*

## SAN DANIEL

San Daniel, especial abogado de la peste y guía de los caminantes y navegantes y de los que necesitan tener noticia de ellos. Sus reliquias se veneran en su propio altar, en la parroquia mayor de Santa Ana, de Barcelona. Su fiesta es el día 3 de Enero.

## ORACION A SAN DANIEL

Santo mío, de Dios amado: Líbranos a todos de los engaños del siglo, de enfermedades, pestilencias, aguda fiebre, y pérdidas del cuerpo y del alma para gloria de la Majestad

Divina, a quien por tu intercesión, ¡oh, Santo mío!, suplicamos nos conceda lo que pedimos. Amén.

***Luego se hará al Santo la súplica de la gracia y favor que más se pretenda alcanzar, y se concluirá rezando siete Padrenuestros y siete Avemarías.***

## LOS CUATRO SANTOS EVANGELIOS

Se exhorta a llevarlos todos consigo, porque se sabe que son maravillosísimos contra todos los males, estando en gracia de Dios.

Nuestro Santísimo Padre Pío VI concedió muchos días de indulgencias a todos los fieles que devotamente alaben al Santísimo Sacramento, y mucho más todos los jueves del año y toda la octava de Corpus; como también indulgencia plenaria confesando y comulgando cada mes.

Los que en el mundo habitamos
mientras que la vida dura,
siempre en el peligro estamos;
no hay punto ni hora segura,
y a hacer la experiencia vamos.

Quien se quiera preservar,
aunque en el peligro esté,
acostumbre atesorar
los Evangelios con fe,
que es defensa singular.

Esta reliquia preciosa
sirve contra hechicerías
y nube tempestuosa,
y contra las brujerías
es defensa prodigiosa.

Al cristiano temeroso,
libra esta reliquia bella
del terremoto espantoso,
del rayo y de la centella,
y del huracán furioso.

Y pues hay ejemplos tantos
que esta reliquia preserva
del demonio y sus encantos,
dichoso aquél que conserva
los cuatro Evangelios santos.

Lucas, Juan, Marcos, Mateo,
nos libren de todo mal,
hasta gozar el recreo
de la Patria celestial,
a medida del deseo.

Amén.

## EVANGELIO DE SAN LUCAS

En aquel tiempo saliendo Jesús de la Sinagoga entró en casa de Simón, cuya suegra estaba con gran calentura, y le pidieron por su curación. Y Jesús puesto en pie junto a la enferma, mandó retirarse a la fiebre, y la fiebre la dejó, y levantándose luego les servía. Puesto el sol, todos los que tenían enfermos con diferentes enfermedades se los llevaban; y él poniendo sobre cada uno las manos los curaba.

## EVANGELIO DE SAN MATEO

En aquel tiempo fué llevado Jesús al desierto por el Espíritu Santo para que fuese tentado del diablo; y habiendo ayunado cuarenta días con cuarenta noches, tuvo hambre; y acercándose el tentador le dijo: Si eres Hijo de Dios, haz que estas piedras se hagan pan, El le respondió diciendo: Está escrito. No de pan sólo vive el hombre, sino de toda palabra que sale de la boca de Dios. Entonces le trasladó el diablo a la santa ciudad y le puso en la cumbre del templo y le dijo: Si eres Hijo de Dios, échate de ahí a abajo, porque está escrito, que ha mandado a sus ángeles cuidar de ti, y te llevarán de las manos para que tu pie no tropiece acaso en alguna piedra. Díjole Jesús: También está escrito: No tentaráss al Señor tu Dios. Segunda vez le trasladó el diablo a un monte muy elevado, y le manifestó todos los reinos del mundo y la gloria de ellos, y dijo: Todas estas cosas te daré si postrándote me adorares. Entonces le dijo Jesús: Retírate, Satanás, porque está escrito: Adorarás al Señor tu Dios, y a él sólo servirás. Entonces le dejó el diablo, y luego llegaron los ángeles y le servían.

## EVANGELIO DE SAN JUAN

En el principio era el Verbo y el Verbo estaba en Dios y el Verbo era Dios. Estaba en el principio en Dios. Todas las cosas fueron hechas por él, y nada de lo que ha sido hecho se hizo sin él. En él estaba la vida, y la vida era la luz de los hombres; y la luz luce en las tinieblas; pero las tinieblas no la comprendieron. Hubo un hombre enviado de Dios, que se llamaba Juan. Este vino como testigo, para dar testimonio de la luz, a fin de que todos creyesen por él. No era él la luz, pero vino para dar testimonio de la luz. El Verbo era la luz verdadera que ilumina a todo hombre que viene a este mundo. El estaba en el mundo, y el mundo fué hecho por él; mas el mundo no le conoció. Vino a lo que era suyo, y los suyos no le recibieron; mas a todos los que le recibieron, dió el poder de hacerse hijos de Dios, a aquellos que creen en su nombre; que no nacieron de la sangre, ni de la voluntad de la carne, ni de la voluntad del hombre, sino de Dios. Y el Verbo se hizo carne, y habitó entre nosotros, y vimos su gloria; como la gloria del Unigénito del Padre, lleno de gracia y de verdad.

## EVANGELIO DE SAN MARCOS

En aquel tiempo se apareció Jesús a los once Apóstoles cuando estaban a la mesa, y les reprendió su incredulidad y la dureza de su corazón, porque no creyeron a aquéllos que le habían visto resucitado. Y les dijo: Id por todo el mundo, y predicad el Evangelio a todas las criaturas. El que creyere y fuere bautizado se salvará, pero el que no creyere se condenará. Y ved aquí los milagros que harán los que creyeren: En mi nombre lanzarán los demonios; hablarán lenguas nuevas, cogerán con las manos las serpientes; y si beben algún licor venenoso no les hará daño; pondrán las manos sobre los enfermos, éstos serán curados.

## ORACIO A SANT MARC

*Pels esllomats*

Gloriós Sant Marc,
benaventurat:
De la font nasquéreu;
de la font sou nat;
d'aquella font tan pura.
Cureu de esllomadura
al qui en Vós confia, aviat.
I el nom de Déu sia alabat.

## ORACION PARA DAR GRACIAS

*(Con cuarenta días de indulgencia)*

Sumamente agradecido, Omnipotente y Eterno Dios, os adoro y alabo, y bendigo vuestro santísimo nombre por la merced, que me hicisteis, siendo un vil gusanillo, en permitir que tuviese en mis manos pecadoras el Cuerpo sacramentado de vuestro unigénito Hijo. Y Vos, mi amado Jesús, que no mirando a mis culpas, os habéis, Señor, dignado de hospedaros en mi pecho, dándome vuestra bendición y gracia para alabaros, y seros agradecido a tan alto beneficio, haced que esta Comunión sea destierro de mis vicios y freno que ponga rienda a mis torpes apetitos, sea aumento de humildad, caridad y demás virtudes, que pide mi profesión; sea escudo, que me defienda todos mis enemigos, y quien gobierne mis obras, palabras y pensamientos, porque pueda hacer en todo vuestra santa voluntad.

Ultimamente os ruego, que asistaís a toda la Iglesia y la gobernéis; acrecentéis y prosperéis a sus hijos con la salud del alma y cuerpo, y firme paz y concordia entre los príncipes cristianos; que nos deis bienes temporales, y frutos de mar y tierra; que reprimáis y humilléis a todos sus enemigos, visibles e invisibles que desterréis los errores, escándalos y herejías, y convirtáis a la Fe a todo el linaje humano. Amén.

## ORACION

*Para preservarse de todo mal, particularmente del poder y artificios del maligno espíritu.*

Dios mío, cuyo principio es apiadarse y perdonar al pecador. Acoged benigno mi plegaria, y haced, por vuestra clemencia y piedad, que yo y cuantos estén atados con el lazo de la culpa, sean desatados y absueltos. También os ruego, Señor, que mediante la intercesión del glorioso mártir San Cipriano, seamos libres de todo maleficio y poder del maligno espíritu. Amén.

## OTRA ORACIÓN

Bienaventurada Madre del Señor, puerta del cielo siempre abierta, astro hermoso, que sirves de guía a los pecadores que navegan en el mar borrascoso de este mundo: Tú que con pasmo de la naturaleza concebiste y pariste a tu Creador; Virgen y santa Virgen, que recibiste la salutación del Arcángel Gabriel; acuérdate de los miserables pecadores que acuden a Ti como a su refugio. Amén.

*Nueve Avemarías.*

## SAN LUIS BELTRAN

### QUE CURA TODO MAL

*Devoción y prerrogativa con que el padre San Luis Beltrán curaba de todas las enfermedades, y ahora pido a Dios nuestro Señor, por su misericordia, que cure y sane a N., esta enfermedad que padece.*

¡Oh, Señor y Redentor nuestro! Yo curo y bendigo a esta tu afligida criatura, N., en nombre de la Santísima Trinidad, Padre †. Hijo †, y Espíritu † Santo, tres personas distintas y una esencia verdadera, y de la Virgen María, nuestra Señora, concebida sin mancha de pecado original, Virgen antes del parto †, en el parto †, y después del † parto, y por la gloriosa Santa Gertrudis, tu querida y regalada esposa, las once mil Vírgenes, San

Roque y San Sebastián, y por todos los Santos y Santas de la Corte celestial; por tu gloriosísima Encarnación †, gloriosísimo Nacimiento †, santísima Pasión †, gloriosísima Resurrección †, y Ascensión †: por tan altos y santísimos Misterios, que creo firmemente y son verdades del Evangelio.

Suplico a tu Divina Majestad, poniendo por intercesora a la Santísima Madre y abogada nuestra, libres y sanes a esta tu afligida criatura, N., de calentura, etc. (se cita la enfermedad), y de otra cualquier enfermedad que sea. Amén, Jesús, Jesús † Jesús † Jesús †.

No mirando a la indigna persona que refiere tan sacrosantos Misterios, con todo buena fe te suplico, Señor, para los presentes, te sirvas, por tu piedad y misericordia, de sanar y librar a esta tu afligida criatura, N., de las enfermedades que padezca, y quitándoselas de esta parte o lugar, y no permitas le sobrevenga accidente, corrupción ni daño alguno, dándole salud completa para que con ella te sirva y cumpla tu santisima voluntad. Amén. Jesús. Jesús † Jesús † Jesús †.

Criatura de Dios: Yo te curo y te ensalzo, y Jesucristo nuestro Redentor te sane y bendiga, y haga su santísima voluntad. Amén, Jesús †, Jesús †, Jesús †, Jesús †.

Consummatum est †. Consummatum est † Consummatum est †. Amén, Jesús.

*Un credo a la intención del que ejerza esta obra.*

LA VIRGEN DE LA SOLEDAD

## A LA VIRGEN DE LA SOLEDAD

Estoy delante de Tí,
Virgen pura y sacrosanta,
y al considerarme aquí
no sé lo que pasa en mí,
ni acierto a mover la planta.

Yo no sé quién me ha traído
a este lugar solitario;
sólo sé que conmovido
hoy tus huellas he seguido
hasta el monte del Calvario.

Pero tan turbado estoy
al verme aquí los dos,
que enojos pienso te doy,
siendo yo, Virgen, quien soy,
y Tú, la Madre de Dios.

Y mi corazón en llanto
se mire al punto deshecho
viendo tan duro quebranto.
¡Oh, Madre! ¡Bajo tu manto,
hallará alivio mi pecho!

Tú también lloras, María;
y este llanto que derramas
diciendo está el alma mía
que eres Tú la que me llamas
a llorar en tu agonía.

¡Sí! Que cuando en orfandad
tu pecho angustiado llora,
fuera impía crueldad,
en tu amarga soledad

abandonarte, Señora.

Por esto, aunque con temor,
vengo a pedir tu licencia,
¡oh, Madre del Redentor!
para llorar mi dolor,
Virgen pura, en tu presencia.

Yo bien sé que indigno soy
de venir a hablar contigo;
mas de tus pies no me voy,
si cuenta fiel no te doy
del hondo pesar que abrigo,

Aquí tienes al autor
de tus dolores, María:
¡al que, ingrato pecador,
te robó tu dulce amor,
tu contento y tu alegría!

Yo soy aquél que, inhumano,
sacrílego y homicida
clavó en madero villano
al Redentor soberano
que es el autor de la vida.

Mis pecados son, Señora,
los que alzaron esta Cruz
que sangre de un Dios colora,

y dieron muerte traidora
al inocente Jesús.

Y, pues la ofendida eres,
y yo el reo criminal;
haz, Virgen, lo que quisieres
con el más vil de los seres
que es la causa de tu mal.

Mas tu llanto de agonía
me está diciendo en tu faz,
que aunque mi culpa es impía,
no eres Tú mi juez, María,
sino ángel de amor y paz.

Hoy a tu Bien has perdido,
y no puedes olvidar
que el amor al hombre, ha sido
el que en sangre ha convertido
de la Virgen el altar.

Aunque mis pecados son:
la causa de tus dolores,
Tú me darás tu perdón,
cual lo dió en la Redención
Jesús a los pecadores.

Tú le oíste, al morir,
para sus verdugos mismos

perdón al Cielo pedir,
cuando pudo confundir
su maldad en los abismos.

Y, en Ti con ansioso afán
sus amantes ojos fijos,
Madre haciéndole de Juan,
te dió en adopción, por hijos,
los pobres hijos de Adán.

Yo bien quisiera poder
aliviar tu corazón
de tan duro padecer;
pero es muy pobre mi ser,
y muy grande tu aflicción.

Sé que no puedo aliviar,
Madre, tus fieros dolores;
mas quiero a tus pies estar
para contigo llorar
al Hijo de tus amores.

Yo, llorando arrepentido
las culpas que cometí,
lograré el perdón que pido
por la sangre que ha vertido
un Dios que ha muerto por mí.

Y Tú, llorando afligida

a tu dulcísimo Bien
que murió por darnos vida
dulcificará tu herida
vernos gozar de aquel bien.

Pide al Cielo, Madre mía,
tenga nuestro corazón
horror a la culpa impía,
y la sangre de este día
nos sirva de salvación.

Pídele, Madre y Señora
del pecador esperanza;
pues una Madre que llora
por el Hijo a quien implora,
los imposibles alcanza.

Y haz que el triste y desgraciado
que llore aquí, Madre mía,
perdone Dios su pecado,
por haber acompañado
la Soledad de María.

## ORACION A SAN JOSE

A Vos, bienaventurado San José, acudimos en nuestra tribulación, y después de implorar el auxilio de vuestra santísima Esposa, solicitamos también confiadamente vuestro patrocinio. Por aquella caridad que con la Inmaculada Virgen María, Madre de Dios, os tuvo unido, y por el paterno amor con que abrazásteis al Niño Jesús; humildemente os suplicamos que volváis benigno los ojos a la herencia que con su sangre adquirió Jesucristo, y con vuestro poder y auxilio socorráis nuestras necesidades.

Proteged, ¡oh, providentísimo custodio de la

Divina Familia!, la escogida descendencia de Jesucristo; apartad de nosotros toda mancha de error y de corrupción; asistidnos propicio desde el Cielo, fortísimo libertador nuestro, en esta lucha con el poder de las tinieblas, y, como en otro tiempo librásteis al Niño Jesús de inminente peligro de la vida, así ahora defended a la Iglesia Santa de Dios, de las asechanzas de sus enemigos y de toda adversidad, y a cada uno de nosotros protegednos con perpetuo patrocinio, para que, a ejemplo vuestro, y sostenidos por vuestro auxilio, podamos santamente vivir y piadosamente morir, y alcanzar en los cielos la eterna bienaventuranza. Amén.

Su Santidad León XIII, en su Carta encíclica de 15 de agosto de 1889, recomendó, y aun prescribió, la presente oración, especialmente después del santo Rosario durante el mes de octubre, y concedió una indulgencia de siete años y siete cuarentenas, a los fieles, por cada vez que la rezaren devotamente.

# ORACION DE NUESTRO SEÑOR JESUCRISTO

*Oración dedicada al Rastro de la Pasión, cuando le llevaron a crucificar al monte*

Nuestro Señor Jesucristo marchando al Calvario

***Calvario; y al desconsuelo de la Virgen santísima buscando a su Hijo, encontrándole en el tránsito de la calle de Amargura, los cuales únicamente con los ojos saludan.***

Jesucristo se ha perdido
La Virgen le va a buscar,
de huerto en huerto,
de rosal en rosal.
Debajo de un rosal blanco
un hortelanito está
–Hortelanito, por Dios,
dime la pura verdad:
si a Jesús el Nazareno
por aquí has visto pasar.
–Sí, Señora, que le he visto,
antes del gallo cantar,
Una cruz lleva en sus hombros,
que le hacía arrodillar;
una corona de espinas,
que le hacía traspasar;
una soga a la garganta,
que de ella tirando va.
Entre judíos y judíos,
bien acompañado va.

Caminemos, Virgen pura,
para el monte del Calvario,
que por presto que lleguemos
ya le habrán crucificado.
Ya le clavan los pies,
ya le clavan las manos,
ya le tiran la lanzada
en su divino costado;
la sangre que derramaba
está en el cáliz sagrado;
el hombre que la bebiere
será bienaventurado,
será rey en este mundo.
en el otro, coronado.
Quien esta oración dirá
todos los viernes del año,
sacará un alma de pena
y la suya del pecado;
será feliz mientras viva,
y de toda mala infestación, guardado.
Quien la sabe y no la dice,
Quien la oye y no la aprende,
el día del Juicio
verá lo que pasa en él.
Amén.

*Tres Credos a Cristo crucificado y una Salve.*

## LUDOVICO BLOSIO

Refiere Ludovico Blosio, en su capítulo 21, lo siguiente:

Primero. Que el mismo Señor Jesucristo dijo en espíritu a un amigo suyo, que cualquier persona de buena voluntad, que con humildad y diligencia se ocupare en leer o meditar la sagrada Pasión, sacará varios provechos, y podrá resistir y destruir a sus enemigos, tanto visibles como invisibles, y alcanzar el triunfo de todas las cosas.

Segundo. Que ninguna cosa le negará de las que le pidiere, con serle razonable y conveniente.

Diga muchas veces con el corazón y el pensamiento a Dios: *Banum mihi, quia humiliasti me. Cor contritum et humiliatum, Deus non despicies.*

Dando infinitas gracias después de quedar libre de sus enemigos o de las desgracias o infestación diabólica, etc.

*Repítase con devoción lo siguiente:*

## ORACION

Santo Dios, Santo fuerte, Santo inmortal,

ten misericordia de mí. Santo en la creación, en el gobierno, en la redención. Santo en la gracia, en la misericordia, en la justicia. Santo en el cielo, en la tierra, en el infierno. Santo, glorificando a los angeles, justificando a los hombres. Santo, castigando a los demonios. Santo antes de los siglos. Santo en el tiempo. Santo en la eternidad. Santo el Padre ingénito; Santo el Hijo engendrado; Santo el Espíritu Santo, procedente del Padre y del Hijo. Santo, Santo, Santo, es el Señor Dios de los ejércitos: llenos están los cielos y la tierra de su gloria. Amén. Jesús.

*Tres Padrenuestros a la Santísima Trinidad y un Credo.*

## ADVERTENCIA

No hay cosa mas agradable y gloriosa para Dios, que esta repetición fiel, devota y perpetua, ni cuchillo más riguroso para el demonio, como se colige del capítulo 119 del *Prado Espiritual*. Válgase también de la intercesión de la Virgen y Madre de Dios, singular protectora y abogada de los afligidos, diciendo la siguiente:

## ORACION
### *Peticiones a la Virgen para fines secretos*

Madre de toda piedad: Acordaos que mientras que el mundo es, no se sabe que hayáis dejado sin consuelo a quien llegó a pedíroslo, ni se ha oído jamás decir, que quien llegó a vuestros ojos con miserias, dejase de salir de vuestra presencia soberana sino remediado, y así, confiado en vuestras piadosas entrañas y liberal condición, me arrojo a vuestros pies; no queráis, ¡oh, Madre del Verbo eterno!, despreciar mis ruegos y súplicas, sino oídme propicia y otorgadme lo que con lágrimas de mi corazón os suplico. Amén.

*Con esta oración alcanzó el Venerable Francisco Salesio victoria en una gravísina tentación del demonio, y los energúmenos pueden también esperarla.*

## OTRA ORACION
### *Para satisfacer a los débiles*

Por la señal de la Santa Cruz †, de nuestros enemigos † libertad, Señor Dios, nuestra casa

† y a todos los que viven en ella. Os lo pedimos en nombre del Padre, y del Hijo y del Espíritu Santo †. Amén.

## OTRA
### *Dígase en un grave peligro*

¡Oh, santísima Cruz! ¡Oh, inocente y piadoso Cordero! ¡Oh, pena grave y cruel! ¡Oh, pobreza de Cristo, mi Redentor! ¡Oh, llagas muy lastimadas! ¡Oh, corazón traspasado! ¡Oh, sangre de Cristo derramada! ¡Oh, muerte de Cristo amarga! ¡Oh, dignidad de Dios, digna de ser reverenciada! Ayudadme Señor, para alcanzar la vida eterna. Amén.

## JACULATORIA

Bendita, alabada y adorada sea la purísima y preciosísima Sangre de nuestro Señor Jesucristo. Sea por siempre bendita, alabada y adorada, ahora y en todos los siglos. Amén.

*Padre nuestro, Ave María y Gloria Patri, por las necesidades de la Iglesia, del Sumo Pontífice y de todo el mundo.*

OTRA

*Al encontrarse frente a los ladrones*

Jesús tengo en el corazón, Jesús tengo en la boca. Jesús me defienda el alma y la casa.

*Todo se dice tres veces.*

OTRA

*Antes de entrar en combate*

Jesús sea mi guía. Jesús sea mi defensa. Jesús sea mi recompensa. Bendito y alabado sea el sagrado Corazón de Jesús. Amén.

*Se dice tres veces*

## ORACION A LA SANTISIMA TRINIDAD

En nombre del Padre †, y del Hijo †, y del Espíritu Santo †. Amén.

Por el poder de la Santísima Trinidad, y por el poder del Creador, tenga yo virtud y poder de deshacer encantamientos, ligamientos, hechizos, obcecaciones, posesionamientos, y todo mal dado o tirado en cualquier maleficio. Que todas las acciones de los ladrones, traidores y toda clase de enemigos, queden destruídas por mí, N., en virtud y poder de mi Angel protector y Dios el Creador.

Que seamos guardados yo y mi familia, y demás personas que me quieren bien; y los enemigos y contrarios, por el poder del Creador, y por el que me dejaron el Redentor y San Cipriano, queden ligados y cortados de sus pasos, pensamientos y acciones.

Por el poder de la Santísima Trinidad y el Angel, cuando me convenga quede invisible o multiplicado.

Por el poder que tuvieron sobre el rey Faraón, José y su hermano Benjamín, quede yo siempre libre y en victoria sobre mis enemigos.

Por el poder que tuvieron San Cipriano y Santa Justina, y por la gloria, poder y virtud de San Agustín, que fué consagrado por el Redentor y la Virgen del Carmen, tenga yo también propiedad, virtud y fuerza, siendo salvado por la Cédula del Carmen, y porque soy criatura que llevo la sangre de Jesús. Amén.

Todos mis enemigos queden ligados y derrotados, y el mal espíritu y su poder. Amén.

Gloria Patri, et Filio, et Spiritui Sancto † † †.

Gloria in excelsis Deo.

*Se rezan tres Padrenuestros y Avemarías a la Virgen del Carmen, para que nos dé la Cédula de Salvación. Amén.*

## ORACION

### *Para tener buena compañía*

A la voz del cielo y la tierra,
te entiendo, Señor, y a Jesús de
Justo Juez de Nazaría, [Nazaret.
Hijo de la Virgen María,
fuiste nacido en el monte Yogol de
[Nazaría;
glorificado Señor entre juderia.
Os ruego, piadosísimo Señor
que por este santo día
y noche, el cuerpo de N.
no se vea preso,
ni herido, ni muerto,
ni entre justicia, envuelto.

*Pax tecum, Domine.*
Acompañadnos, Señor.
*Pax tecum, Domine.*
Acompañadnos, Señor.
*Pax tecum, Domine.*
Acompañadnos, Señor.

Dijo Jesús a sus sagrados discípulos;
"id y venid delante de Mí, para defen-
Ojos tengan, y no nos vean [derme.

Oídos tengan, y no nos oigan.
Manos tengan, y no nos agarren.
Pies tengan, y no nos alcancen".

Con las armas de nuestro Señor San
[José voy armado.
Con la capa de Abraham, voy tapado.
Con la sangre de nuestro Señor Jesucris-
[to voy bañado.
Con la leche de María Santísima, voy
[rociado.

Dadme, Señor, aquella dulce compa-
[ñía
la que Vos dísteis a la Virgen María
Santísima, desde la puerta de Abraham,
hasta la puerta de Belén,
a la puerta de Jerusalén:
con los tres clérigos revestidos,
con los tres cálices bendecidos,
con las tres hostias consagradas. Amén.

---

Señor: Así como Vos resucitásteis al tercer día, que yo, N., me vea en mi casa, y por dondequiera que vaya, con aquella gran alegría, la que Vos tuvisteis en el vientre virginal de María Santísima, a la cual pondré por mi defensora. Y rezaré tres Credos al Señor y tres Salves a María Santísima para que me acompañe por dondequiera que vaya. Y tres Padrenuestros a los Apóstoles, para que, así como acompañaron a Jesús en el huerto de Getsemaní, me acompañen a mí por dondequiera que vaya. Amén.

## ORACIO

*Per a curar el Cranc (o Càncer)*

El Cranc i Jesucrist se'n van a Roma.
i visca la Fe de Jesucrist!
El Cranc se'n va, i Jesucrist hi torna.
¡I visca Crist!
¡Mori el Cranc,

## SALUTACION A LAS SACRATISIMAS LLAGAS DE NUESTRO SEÑOR JESUCRISTO

### A LA DEL PIE IZQUIERDO

Salúdote, ¡oh, santísima Llaga de mi Señor

Jesucristo!; y os pido, Señor, por ella, me perdonéis cuanto os he ofendido con todos mis pasos y movimientos.

*Padre nuestro, Gloria Patri.*

## A LA DEL PIE DERECHO

Salúdote, ¡oh, santísima Llaga de mi Señor Jesucristo!; y os pido, Señor, por ella, me perdonéis cuanto os he ofendido con todas mis acciones y palabras.

*Padre nuestro, Gloria Patri.*

## A LA DE LA MANO IZQUIERDA

Salúdote, ¡oh, santísima Llaga de mi Señor Jesucristo!; y os pido, Señor, por ella, me perdonéis cuanto os he ofendido con mi vista y demás sentidos.

*Padre nuestro, Gloria Patri.*

## A LA DE LA MANO DERECHA

Salúdote, ¡oh, santísima Llaga de mi Señor

Jesucristo!; y os pido, Señor, por ella, me perdonéis cuanto os he ofendido con el mal empleo de mi memoria, entendimiento y voluntad.

*Padre nuestro, Gloria Patri.*

## A LA DEL SANTISIMO COSTADO

Salúdote, ¡oh, santísima Llaga de mi Señor

Jesucristo!; y os pido, Señor, por ella, que así como fué herido vuestro corazón con el hierro de lanza, y el de vuestra Madre dolorosísima con el cuchillo de su dolor, asi penetren en el mío vuestras soberanas luces, para siempre amaros y nunca más ofenderos, queriendo antes morir que pecar. Amén.

*Padre nuestro, Gloria Patri.*

## EXORCISMOS CONTRA SATANAS Y LOS ANGELES APOSTATAS

### MANDADOS PUBLICAR POR S.S. LEON XIII

En el nombre del Padre, y del Hijo, y del Espíritu Santo. Amén.

Ps *LXVII*

Levántese Dios, y sean disipados sus enemigos; y huyan de su presencia los que le aborrecen".

"Desaparezcan como el humo. Como se derrite la cera al calor del fuego, así perezcan los pecadores a la vista de Dios".

Ps *XXXIV*

"Juzga, ¡oh, Señor!, a los que me dañan:

derriba a los que pelean contra mí.

"Confundidos sean y avergonzados los que atentan contra mi alma.

"Atrás los que maquinan contra mí, y sean desbaratados.

"Queden deshechos como polvo ante la furia del vendaval, y estréchelos el Angel del Señor.

"Sea su camino tinieblas y despeñadero, y el Angel del Señor vaya a sus alcances.

"Ya que sin causa me armaron a escondidas el lazo de muerte, y escarnecieron injustamente a mi alma.

"Caiga en el lazo que menos piensa, y en la trampa que él mismo armó en celada, y quede cogido en su mismo lazo.

"Mi alma entretanto se regocijará en el Señor, y en su Salvador se gozará".

Gloria Patri, et Filio, et Spiritui Sancto.

Sicut erat in principio, et nunc, et semper et in saecula saeculorum. Amén.

## ORACION A SAN MIGUEL ARCANGEL

¡Oh Príncipe gloriosísimo de la milicia celestial, San Miguel Arcángel! Defiéndenos

en la batalla "y en la lucha que traemos contra los príncipes y potestades, contra los adalides de estas tinieblas del mundo, contra los espíritus malignos que andan por el aire". (Eph. VI.) Ven a socorrer a los hombres, a quienes "crió Dios inmortales, y los formó a su imagen y semejanza, y los compró a gran precio" de la tiranía del demonio. (Sap., II, 23; Cor., VI). Lucha hoy, con el ejército de los Santos Angeles, las batallas del Señor, como peleaste un tiempo comtra el capitán de la soberbia, Lucifer, y sus ángeles apóstatas: "y no prevalecieron ni quedó ya para ellos lugar ninguno en el cielo". Mas "aquel drama descomunal, aquella antigua serpiente, que se llama diablo y Satanás, que anda engañando el orbe universo, fué abatido y arrojado a la tierra, y sus ángeles con él".

He aquí que este antiguo enemigo y *homicida* del género humano se ha envalentonado extrañamente. Transfigurándose en ángel de luz, va cercando con toda la caterva de espíritus malignos, y ocupa ya toda la redondez de la tierra, para borrar de ella el nombre de Dios y de su Cristo, y robar las almas criadas para la corona de la gloria inmortal, y despedazarlas y despeñarlas en la eterna perdición. Este dragón maléfico derrama a manera de torrente asquerosísimo, la ponzoña de su maldad y la transfunde en hombres de inteligencia depravada y de corrompido corazón: espíritu de mentira, de impiedad y de blasfemia, hálito mortífero de lujuria y de todo linaje de vicios y de pecados.

Enemigos, astutísimos han llenado de amargura y embriagado con absintio a la Esposa del Cordero Inmaculado, la Santa Iglesia: en todo lo más sagrado y precioso han puesto sus manos impías. En el lugar donde está asentada la Silla del bienaventurado San Pedro y la Cátedra de la verdad para alumbrar a todas las naciones, allí han puesto el trono de su abominable impiedad.

Ea, pues, invictísimo capitán, ayuda al pueblo de Dios contra el ejército invasor, de los espíritus malvados y danos la victoria. A Ti venera por su guarda y patrón la Iglesia Santa; a Ti te aclama por defensor contra los nefandos poderíos de la tierra y del infierno; a Ti ha encomendado el Señor las almas de los redimidos, que han de tomar asiento en la bienaventuranza soberana. Ruégale al Dios de la paz, que quebrante a Satanás debajo de nuestros pies, a fin de que no pueda en adelante tener cautivos a los hombres, ni hacer daño a la Iglesia. Ofrece nuestras súplicas en el acatamiento del Altísimo, para que pronto nos salgan al encuentro las misericordias del Señor, y tu prendas al dragón, a la serpiente antigua, que es el diablo y Satanás, y atado lo arrojes al abismo, *porque no engañe más a las gentes* (Apoc., XX).

Y así confiados en tu patrocinio y tutela, con la sagrada autoridad de nuestro ministerio, vamos con toda confianza y seguridad, a repeler las infestaciones y engaños diabólicos, en el nombre de nuestro Dios y Señor Jesucristo.

V. Ved aquí la Cruz del Señor, Huíd, ejércitos enemigos.

R. Venció el León de la tribu de Judá, el descendiente de David.

V. Venga, Señor, tu misericordia sobre nosotros.

R. Así como hemos en Tí esperado.

V. Señor, escucha mi oración.

R. Y mi clamor llegue a tus oídos.

V. El Señor sea con vosotros.

R. Y con tu espíritu.

## ORACION

¡Oh, Dios y Padre de nuestro Señor Jesucristo! Invocamos vuestro santo nombre, y humildemente suplicamos a vuestra clemencia, que, por la intercesión de la Inmaculada siempre Virgen María, Madre de Dios, y por la de San Miguel Arcángel, de San José, esposo de la misma bienaventurada Virgen, de los Santos Apóstoles San Pedro y San Pablo, y de todos los Santos, os dignéis prestarnos vuestro auxilio contra Satanás y todos los demás espíritus inmundos, que para ruina del género humano y perdición de las almas, andan esparcidos por la tierra. Por el mismo Jesucristo nuestro Señor. Amén.

## EXORCISMO

Os conjuramos a todos y a cada uno de vosotros, espíritus inmundos, potestades satánicas, incursiones del infernal enemigo, todas las legiones, todas las sectas, todos los ejércitos diabólicos, que en nombre y virtud de nuestro Señor Jesu † cristo, os desarraiguéis de cuajo y huyáis bien lejos de la Iglesia de Dios y de las almas criadas a imagen de Dios y redimidas con la preciosa sangre del Cordero divino †. En adelante, jamás te atrevas astutísima serpiente, a enseñar al linaje humano, y perseguir a la Iglesia de Dios, a molestar y zarandear como trigo a los escogidos de Dios. Así te lo manda el Dios altísimo †, a quien, en

tu gran soberbia, todavía presumes ser semejante, y que *desea que todos los hombres se salven y vengan al conocimiento de la verdad.*
(I Tim., II) Mándatelo Dios Padre †. Mándatelo Dios Hijo †. Mándatelo Dios Espíritu Santo †. Mándatelo la majestad de Cristo, Verbo eterno de Dios, hecho carne †, que por la salvación de nuestro linaje, perdido a causa de tu perfidia, *humillóse a Sí mismo, hecho obediente hasta la muerte* (Phil., II); y edificó su Iglesia sobre firme roca, prometiendo que contra ella jamás prevalecerían las puertas del infierno, y que permanecería con ella *todos los días hasta la consumación de los siglos.* (Matth., XXVIII, 20.) Mándatelo el sacramento de la Cruz †, y la virtud de todos los demás misterios de la Fe cristiana † Mándatelo la excelsa madre de Dios, Virgen María †, que desde el primer instante de su inmaculada concepción, quebrantó tu cabeza con su humildad. Mándatelo la de los Santos Apóstoles San Pedro y San Pablo, y los demás Apóstoles † Mándatelo la sangre de los mártires, y la piadosa intercesión de todos los Santos y Santas †.

Conque, dragón maldito, legiones todas diabólicas, os conjuramos por el Dios † vivo, por el Dios † verdadero, por el Dios † santo, por el Dios que *así amó al mundo, que le dió a su Unigénito Hijo, para que todo el que creyere en El no perezca, sino que alcance la vida eterna* (Joan., III.) *acaba* de seducir a las humanas criaturas y de proporcionarles el veneno de la eterna perdición; cesa de dañar a la Iglesia y de armar lazos a su libertad. Apártate, Satanás, inventor y maestro de todas las perfidias, enemigo de la salvación de los hombres. Deja obrar a Cristo, en quien nada hallaste de tus obras; deja obrar a la Iglesia, una santa, católica y apostólica, a la cual ganó el mismo Cristo con su Sangre. Humillate bajo la poderosa mano de Dios; estremécete y huye a la invocación del santo y terrible nombre de Jesús, a quien tiemblan los infiernos y están sujetas las Virtudes y las potestades y las Dominaciones de los cielos; a quienes los Querubines y Serafines alaban en incesante coro, diciendo: Santo, Santo, Santo, el Señor Dios de los ejércitos.

V. Señor, escucha mi oración.

R. Y mi clamor llegue a tus oídos.
V. El Señor sea con vosotros.
R. Y con tu espíritu.

## ORACION

¡Oh, Dios del Cielo; oh, Dios de la Tierra; oh, Dios de los Angeles; oh, Dios de los Arcángeles; oh Dios de los Patriarcas; oh, Dios de los Profetas; oh, Dios de los Apóstoles; oh, Dios de los Mártires; oh, Dios de las Vírgenes; oh, Dios que tenéis poder para dar vida después de la muerte, y descanso tras del trabajo; porque no hay ni puede haber ningún Dios fuera de Vos; Creador de todas las cosas visibles e invisibles, cuyo reinado no tendrá fin! Suplicamos humildemente a la Majestad de vuestra Gloria, que os dignéis librarnos poderosamente y conservarnos libres de todas las potestades, lazos, decepciones y perfidias de los infernales espíritus. Por Cristo nuestro Señor. Amén.

De la asechanzas del diablo: libradnos Señor.

Que hagáis que vuestra Iglesia os sirva con segura libertad; os lo rogamos, oídnos.

Que os dignéis humillar a los enemigos de la Iglesia os lo rogamos, oídnos.

*Echese agua bendita por el lugar o habitación.*

## ORACIO

*Molt curiosa i devota, de Sant Pau*

N. va al davant,
davant de darrera.
Sant Pau, Sant Pere,
Sant Lluc i Sant Marc,
per cada costat.
Cans i llops, les dent serrades;
dels enemics les mans lligades,
tan guardat jo, N., en sia,
com va ésser el Fill de Déu,
en les entranyes de la Verge Maria.
*(Pare nostre.)*

Qui ha felt el sol, fará el vent.
Al Paradis voldria entrá,
les ánimes a saludá.
Veig venir la Mare de Déu;
pel camí d'or sia.

Veig venir el seu preciós car Fill,
que davant li venia.
D'ahont venia el seu preciós car Fill,
d'ahont venia.
D'ahont vetllau.
que me'n deixondau.
  Un somni hi he tingut;
un somni de veritat:
Que us havian pres
que us avian lligat;
que us aviant pujat
Al arbre santíssim de la vera Creu.
Aquests preciosíssims peus,
amb un clau en són clavats.
Aquests preciosíssim costat,
de llances y ballestes ha estat llance-
Aquest preciosíssim pit, [jat.
de llances i ballestes ha estat ferit.
Aquesta preciosíssima boca,
de felt y vinagre ha estat plena.
Tota aquesta preciosíssima cara,
ha estat abofetejada.
Aquest Preciosíssim cap,
de setanta dues espines ha estat coro-
[nat.
  Tot lo que em dieu, la meva Mare,

tot em passa amb veritat.
Jo me'n vaig per aquest camí,
amb l'apóstol Sant Martí.
Jo me'n vaig per aquesta via,
amb la humil Verge María.

A Betlem entrarem;
tres enemics hi trobarem.
Tres enemics, no em toqueau,
que sóc senyor de les cinc Creus
de les cinc Avemaries.
Si per cas no em voleu créurer,
aquí está la Verge María,
qui us dirá la veritat. Aixís sia.

---

Diu que el qui aquesta oració dira,
ol a fara dir, tres dies
i tres nits, no morirá
sens confessar i combregar:
les penes de l'infern, no les veurá.
Déu ens dongui goig i alegría.

*Un Parenostre y Avemaria.*

## OFERIMENT

Aquest Parenostre i Avemaria que hem dit, que siam oferts i presentats davan de Nostre Senyor i Maria Santísima, I Sant Pau gloriós, que ens vulgui guardar de lladres i traidors, de falsos testimonis, del poder del dimoni, i de viure i morir en pecat mortal. Amén. Jesús.

## ORACIONES CURATIVAS

Las oraciones que siguen, adquiridas en distintas fuentes, son lo que con toda justicia pudiéramos llamar un tesoro de dones corporales.

Mil repetidas pruebas nos han dado el convencimiento absoluto de su eficacia; mil testimonios imparciales y severos están contestes con nosotros en proclamar su virtualidad para cada caso.

Pero ni nuestras pruebas ni el testimonio ajeno tendrían ningún valor, si las oraciones por sí mismas no se recomendasen con la mayor de las elocuencias, con la elocuencia del hecho; Acúdase a él, pues, como último e ineapelable tribunal.

Nos conviene advertir, empero, que no basta la fórmula por sí, para que la virtualidad resplandezca. Ya nuestro divino Redentor dijo, por boca de San Mateo (VII, 7), que no debían darse las margaritas a los cerdos; cual claramente testifica que las cosas de Dios no pueden ser por todos operadas ni por todos comprendidas. Dijo más el Mesías: dijo, por boca del mismo evangelista, que no todos los que dicen "Señor, Señor", son aptos para entrar en el reino de los cielos (VII, 23); y que muchos de los postreros serán primeros y muchos de los primeros serán postreros (XIX, 30)

## CONTRA EL MAL DE ORINA

Señor, por el especial privilegio otorgado al beato Liborio contra los males de cálculo, piedras, orina e ijadas, haz que N., se vea libre del de... que padece. Glorioso San Liborio, intercede por nosotros. Amén.

*Se signa la parte dolorida y se rezan tres Padrenuestros en honor de la Santísima Trinidad.*

## CONTRA EL DOLOR DE MUELAS, DIENTES, ETC.

Bendita Santa Apolonia, que por tu virginidad y martirio, mereciste del Señor, ser instituída abogada contra el dolor de muelas y dientes: Te suplicamos, fervorosos, intercedas con el Dios de las misericordias, para que esta criatura, N., sea sanada. Señor, accede benigno a la súplica que te dirigimos. Amén.

*Un Padrenuestro a Santa Apolonia y tres a la Santísima Trinidad.*

## CONTRA LA ERISIPELA

En el nombre de Dios † Padre,
y del Hijo de Dios †,
y de San Marcial †,
que ni por fuera † ni por dentro †
le hagas ningún mal.

*Háganse sobre la parte del paciente en que haya aparecido la erisipela, las cruces que se señalan, y récense tres Padrenuestros a la Beatísima Trinidad.*

## OTRA PARA LO MISMO

Jesús nació †. Jesús murió †. Jesús resucitó †. Como se curaron las llagas de Jesucristo, así pueda ser curada esta erisipela, en honra y gloria de la Santísima Trinidad.

*Se rezan tres Padrenuestros.*

## CONTRA LAS ANGINAS

En Bélen hay tres niñas:
Una cose: otra hila,
y otra cura las anginas.
Una hila; otra cose,
y otra cura el mal traidor.

*Se repite tres veces, en otros tantos días seguidos, haciendo la señal de la cruz en cada una de ellas, y rezando tres Padrenuestros en honor de la Santísima Trinidad.*

## OTRA, CONTRA EL MISMO MAL

Nuestro Señor y San Martín iban por un camino, donde hallaron a San Pedro de bruces contra un canto rodado.

–¿Qué haces aquí?–le dijo el Señor.

Y San Pedro contestó:

–Me estoy muriendo de mal de anginas, de garganta y de flemones.

A lo que el divino Maestro repuso:

–Ponte los cinco dedos de la mano derecha en el cuello y carrillo, en honra y gloria de la Santísima Trinidad, y con el santo nombre de Dios, el mal te será curado.

*Se rezan tres Padrenuestros a la Trinidad Beatísima.*

## CONTRA CONTUSIONES, DISLOCACION DE HUESOS O RELAJAMIENTO DEL PECHO

Jesús nació. Jesús fué bautizado. Jesús sufrió pasión y muerte. Jesús resucitó y ascendió a los cielos. Jesús está sentado a la diestra de Dios Padre, y desde allí vendrá a juzgar a los vivos y a los muertos. Por estas grandes verdades y por el valor y confianza que inspiran a los cristianos, que estas contusiones de N., (o dislocaciones, etc.), sean curadas, como lo fueron las heridas de sus divinas sienes y costados.

*Se rezan cinco Padrenuestros en memoria de las cinco llagas de Jesús.*

## CONTRA QUEMADURAS

El fuego no tiene frío. El agua no tiene sed. El aire no tiene calor. El pan no tiene hambre. San Lorenzo, curad estas quemaduras, por el poder que Dios os ha dado.

*Se signa al paciente, y se reza un Padrenuestro a San Lorenzo.*

## CONTRA HERNIAS O QUEBRADURAS

Jesús encarnó en las purísimas entrañas de la Virgen María; y nació y habitó entre nosotros; y para enseñarnos a tener fe verdadera, por su propia virtud y con su gracia curaba todas las enfermedades y dolencias a los que en El creían y le buscaban; y para librarnos de todo mal, sufrió pasión y muerte; y para abrirnos las puertas del Paraíso, ascendió glorioso y triunfante a los cielos, después de haber llorado tòdas las furias infernales.

Pues así como estas palabras son ciertas, así lo es también que tú, N., puedes ser curado de la hernia que padeces, por la virtud y en honor de las tres Personas distintas en la Santísima Trinidad, a quien humildemente le pido la gracia de que te veas tan pronto curado, como Jesucristo de sus llagas. Amén.

## CONTRA EL MAL DE PECHOS

*(Pelos, cascaduras, grietas, etc.)*

Jesús vivió †. Jesús murio †. Jesús resucitó †. Como estas palabras son verdad, haced la

gracia de curar el pecho cascado (o agrietado, etc.), derecho (o izquierdo), de N., a la mayor brevedad.

*Se repite tres veces, y se rezan tres Padrenuestros en honor de la Santísima Trinidad.*

## CONTRA LAS NUBES EN LOS OJOS

Nube, nube,
de sangre y agua formada;
en honra y gloria
de la Santísima Trinidad †,
que sea prontamente curada.

*Se rezan tres Padrenuestros en honra de la Trinidad Beatísima.*

## OTRA

Madre de San Simeón,
abogada contra las nubes †:
Clara es la luna:
claro es el sol;
clara sea la vista de N.,
por vuestra intercesión.

*Se repite durante nueve días.*

## CONTRA LA NOSTALGIA

En tu concepción fuiste inmaculada, Virgen María.

*Se repite, y se rezan tres Avemarías.*

## OTRA, PARA LO MISMO

Jesús nació; Jesús murió. Jesús nació; Jesús murió. Jesús nació; Jesús murió. Así sea curada la nostalgia de N., como estas palabras son ciertas.

*Signese al paciente, y récrense tres Padrenuestros en honor de la Santísima Trinidad.*

## CONTRA LA PARALISIS

Adorabilísimo Jesús, inagotable fuente de clemencia: Así como te dignaste curar al paralítico que te salió al encuentro, diciéndole: "Levantate, toma tu cama y vete a tu casa"; así te suplico dignes curar a N., que con todo fervor te lo implora. No desoigas su plegaria, y reverente te saludará con los ángeles del paraíso, diciendo: Santo, Santo, Santo es el Dios de los ejércitos, a quien veneran todas las naciones.

*Tres Padrenuestros, Avemarías y Gloriapatris.*

## CONTRA EL FLUJO

Adorable Cordero inmolado en el Gólgota, mi siempre amado Jesús: Extiende sobre mí tu mano y sálvame del flujo que me apena, como salvaste a aquella piadosa mujer que hacía doce años lo padecía. Yo también, como ella, tengo fe en tu potestad soberana; yo también quiero tocar tu vestido, segura de que si lo logro, habré alcanzado la curación de mi mal.

*Un Credo.*

## CONTRA LA APOPLEJIA

Dios y Señor nuestro, que, habiendo muerto de apoplejía el bienaventurado Andrés Avelino, estando ofreciendo en el altar el santo sacrificio de la misa, te dignaste conferirle la gracia de recibirle en el eterno Santuario de tu gloria, y ser desde allí intercesor para contigo, de los que padecen de este mal: Reverentes te suplicamos que, por sus méritos y tu misericordia, sea sanado N., del ataque que le postra, y sirva todo ello para honra y gloria tuya. Así sea.

*Se reza un Padrenuestro a San Avelino y tres a la Trinidad Sacrosanta.*

## CONTRA EL MAL DE OIDOS SORDERA, ETC.

Señor mío Jesucristo: Tú que te dignaste librar de sus dolencias al sordomudo de Decápolis, con sólo meter los dedos en su oído y decirle: "Sé abierto", concédeme la gracia de que, en tu nombre e imitando tus milagros, ya no tus virtudes, pueda † sanar a N., del mal de oídos (o lo que sea) que padece.

*Récese el Credo, como testimonio de la fe en los méritos de Jesús crucificado.*

## A MARIA SANTISIMA

*Para no caer en las tentaciones impuras*

Bendita sea tu pureza,
y eternamente lo sea,
pues todo un Dios se recrea
en tan graciosa belleza.
A Tí, celestial Princesa,
Virgen sagrada María,
te ofrezco desde este día
alma vida y corazón.
Mírame con compasión.
No me dejes, Madre mía.

*(Hay concedidas muchas indulgencias)*

Viva Jesús. Viva su divino amor. Viva su divina gracia. Viva María Santísima.

Muera el pecado mortal. Muera el demonio. Viva Jesús.

Alabado sea el Sagrado Corazón de Jesús.

Alabado sea el Purísimo Corazón de María por siempre. Amén.

## EL MAGNIFICAT

*Alcanza la protección de la Virgen*

Glorifica mi alma al Señor.

Y mi espíritu está transportado de gozo en el Dios Salvador mío.

Porque ha puesto sus ojos en la bajeza de su esclava: por tanto, ya desde ahora me llamarán bienaventura todas las generaciones.

Y cuya misericordia se extiende, de generación en generación, a todos los que le temen.

Dió muestras grandes de sublime poder de su brazo: desbarató los proyectos que allá en su corazón meditaron los soberbios.

Derribo del solio a los poderosos, y ensalzó a los humildes.

Colmó de bienes a los menesterosos hambrientos, y a los ricos los despidió sin nada.

Acogió a Israel, su siervo, acordándose de su misericordia.

Según lo prometió a nuestros Padres, a Abraham y a sus descendientes, por los siglos de los siglos.

## EL LAUDATE

### *Es un cántico de alabanza al Señor*

Alabad a Jehová desde los cielos, alabadle en las alturas.

Alabadle, vosotros todos sus ángeles; alabadle, vosotros todos, sus ejércitos.

Alábenle los cielos de los cielos, y las aguas que están sobre los cielos.

Alaben estas cosas el nombre de Jehová: porque El mandó, y fueron creadas.

Y las hizo ser para siempre por los siglos. Púsoles ley que no será quebrantada.

Alaben a Jehová desde la tierra, los dragones y los abismos.

El fuego y el granizo, la nieve y el vapor; el viento de tempestad que ejecuta su palabra;

Los montes y todos los collados, el árbol de fruto y todos los cerdos;

La bestia, y todo animal; reptiles y volátiles;

Los reyes de la tierra, y todos los pueblos; los príncipes y todos los jueces de la tierra;

Los mancebos, y también las doncellas; los viejos y los niños;

Alaben el nombre de Jehová: porque sólo su nombre es elevado; su gloria es sobre tierra y cielos.

El ensalzó el poder de su pueblo; alábenle todos los santos, los hijos de Israel, el pueblo a El cercano.

## EL MISERERE

### *Alcanza perdón de los pecados*

Ten piedad de mí, ¡oh, Dios!, conforme a tu

misericordia; conforme a la multitud de tus piedades, borra mis rebeliones.

Lávame más y más de mi maldad, y límpiame de mi pecado.

Porque yo reconozco mis rebeliones; y mi pecado está siempre delante de mí.

A Ti, a Ti sólo he ofendido, y he hecho lo malo delante de tus ojos; confiésolo, porque seas reconocido justo en tu palabra, y tenido por puro en tu juicio.

He aquí, en maldad he sido formado, y en pecado me concibió mi madre.

He aquí, Tú amas la verdad en lo íntimo, y en lo secreto me has hecho comprender tu sabiduría.

Purifícame con hisopo, y seré limpio: lávame, y seré emblanquecido más que la nieve.

Hazme oír gozo y alegría; y se recrearán los huesos que has abatido.

Esconde tu rostro de mis pecados, y borra todas mis maldades.

Crea en mí. ¡oh, Dios!, un corazón limpio; y renueva un espíritu recto dentro de mí.

No me eches de delante de Ti; y no quites de mí tu santo Espíritu.

Vuélvame el gozo de tu salud, y haz que el espíritu libre me sustente.

Enseñaré a los prevaricadores tus caminos; y los pecadores se convertirán a Ti.

Líbrame de homicidios, ¡oh, Dios, Dios de mi salud!; y cantará mi lengua tu justicia.

Señor, abre mis labios; y publicará mi boca tu alabanza.

Porque no quieres Tú el sacrificio que yo daría: no quieres holocausto.

El sacrificio más grato a Dios, es el espíritu quebrantado; al corazón contrito y humillado no despreciarás Tú, ¡oh, Dios!

Haz bien, con tu benevolencia, a Sión: y se reedificarán los muros de Jerusalén.

Y entonces en tus altares se pondrán becerros inmolados.

## EL ANGELUS

Angelus Domini nuntiavit Mariae, et concepit de Spiritu Sancto. *Ave María.*

Ecce ancilla Domini; fiat mihi secundum verbum tuum. *Ave María.*

Et Verbum caro factum est, et habitavit in nobis. *Ave María.*

Dicho eso, vaya por toda la casa echando agua bendita con candela encendida de las beńditas, diciendo los Psalmos Graduales, que son propios para esta ocasión, y en cada pared de los aposentos, tránsitos y corredores haga una cruz con carbón, lápiz o con un hierro o cuchillo, diciendo en cada una:

Ecce Crucem Domini, fugite partes adverse, invirtute Domini nostri jesu Christi qui pependid in ea.

Psalmo 119 Ad Dominum cumtribularet.

Id. 121 Letatus sum in his, etc,.

Id. 222 Ad te lavivi oculos meos, etc.

Llegando a lo bajo, donde más se sienta el Duende o Brujas, diga: Adioutorium nostrum in nomine Domini, qui fecit celum, etcétera, terram.

Dominus vobiscum.

Et cum Spiritu tuo.

Secuencia senti Evangeli secumdum Matheu.

Gloria tibe Domini.

In illi tempore; dixit Jesús disipulus suis omnis que audivir veba mea etc., facitea, assimibilabitur viro sapienti, qui edificavit domum, suan supra petram, etc., dessendit pluvia etc., venerum flumina, etc., flaverunt venti, irrucrunt in domun istran, etc., nos cedidint fundada enim erat supra petram; etc., omnis que audivit verba mea, etc., non facitt ea similis erit viro stulto qui edificavi domun suam super erenam, etc., descendit pluvia etc., venerum flumina, etc., cecidit, etc., fuit ruina illius magna etc., cum consumasset Jesús verba hec, admirabantur turbe super doctrina elus, erat enim docens eos, sicun potestatem habens.

Laus tibi christe Rex regum: etc., per Evangelim dictum deleantur nostrum de lictum, etcétera, aurefatur ab hac domo, etc., habitatoribus in ea omne maledicum. (Prosiga diciendo):

Domus ista; sicut domuns Israel, esperavit in Domino.

Aintur ceru etc., protector eurum est.
Benedixit omnibus, qui temen Dominum.
Dicat nuc lomus ista timents Dominum.
Quoniam in secula misericordia eius.
Dominus Vobiscum. Et cum spiritu tuo.

## OREMUS

Domun istam tuma; domne Jesu Christe

clementer ingredere, etc., corda habitancium in ea igne, tuo amors, etc., fidel vehedificata, nula domun ministrorum corum menter accede, udfimiter supra petram eincursione iurbetur.

Domine Jesu Christe qui habites in vivir lapdibus filios Alabe, per ilos habitacula eorom imples omni Benedicciones bono dich, etcétera, santifica ha denom sercorum tuorum, que sub tus patrocinio singulariter confiolum ut nula egus. Magorum, malignorum spiritum illi dominetur adversitas.

Sancti nominus tue tomorem pariter, amorem fac nos habere perpetuum quia numquam tua gubernadone disfituis, quos insoliditate tue dileccionis instituis.

Famulorum tuorum, quesimus, domine delictis ignoce, ut qui tibi placere de actibus nostris, non valemus genitricis. Flle tuo dodomini nostri Jesu Christi intersesione salvemur.

Deus, qui miro ordine Angelorum, ministria hominum qua dispersas; concede propicius, ut a quibus tibis ministratibus incelo semper asistius, ab is interra nostra vita muniatur. Per Christum Dominum nostrum. Amén.

Luego vuelve a andar toda la casa echando agua bendita. Qui confidum in dominu Psalmos 124, 125, 126, 127 y 128. Kyrie eleyson. Christe eleyson. Kyrie eleyson. Pater noster.

Et ne nos inducas in tentacionem. Sed liberanos a malo.

Dominus vobiscum. Et cum spiritu tuo.

## OREMUS

Deus qui in omni loco dominacioni tu, custos, etc., protector assistis: exaudi nos quesumus inviolabilis huiu dous perma neant, bene † diccio, etc., tui numeris largitas, etc., misericordia, abundancia, semper, etcétera, ubique laudetur.

Des qui inefabile, providencia inefabile, santos Angelus tuos ad nostram custodia mitere dignaris lagire suplicibus tuis, etc., oerum semper proteccione defendi, etc., eterna societate gandere.

Auge in nobis, que sumus domine quod de tua inspiracione concepimus desiderium, ut caritutis tue dono repleti, quo nos sperare fecisti, per invocassionem tui nominio perenni valeamus aquisione consequi. Qui vivis, etc., regnas cum Deo Patre, etc., unitate Spiritus Sancti, Deus per omnia secula seculorum. Amén.

Después prosiga, bendiga un poco de incienso, diciendo.

Audiorium nostrum in nomine Domini Quicferit celum, etc., terram.

Dominus, et cum spiritu tuo.

## OREMUS

Per interssesiones beati Michaelis Arcángeli, statis a dextis Altaris incansi, etc., omnium electorum suorum, incensum istud dignetur Dominos ben dicere, etc., inodorem suavitatis accipere. Per Christum Dominum nostrum.–Amén.

Y echando incienso en agua bendita, diga:

Incensum istud a te Domine, benedictum asendat at te, etc., etc., descendat semper nos misericordia tua. Et, sicut domonium Asmodasen a Sara filia Bachelis ministerios Arcángeli Rafaelis liberasti. Comuera Domun eius benediccionibus resplanti; ita replere digneris hac domun tua benedicciones, etc., omnes habitantes in ea abnibus insilis, etc., suggestione diaboli misericorditem liberare. Per Christum Dominum nostrum. Amén.

In lio tempore Dixit essus Dicipulis sus ecce ego mitto vos sicus agnos inter lujos nolite portare facalum, neque peram, neque calcamente neminen, per viam salutavoristi primum dicite, pas huid dumoy si ibi fuerit filius pacis juper cum pax vuestra, sin aum ad vos revertetur.

Qui nos creavit, redimit ipse nos regnat gubernet perducat in vitam eternam. Amén. Benedicció Dei omnipotentis pater † filii Spiritu Santi, desendad super hace donum omnes habtantos in ea etc., manead semper. Amén.

NOTA.– Esta bendición se hace en el aire, echando agua bendita.

## ORACIO DE SAN CIPRIA

Ennom del Pare, del Fill y del Esperit Sant. Amén.

Esta es la mol útil e importante santa oració del gloriós y mártir Sant Cipriá, la cual fou fea i ordenada per el gloriós Sant Cipriá per librar las personas de mal enganys i encisos, i per cualsevol llígament i encantaments, per ladona que va de part, per pestilencia i aires corromputs, la cual oració a de ser llegida tres vegades i en tres diumenges i cada diumenge, una sola vegada, i per la ajuda de Deu en Raras de Bruxerías.

En nom de Deu, Pare, Fill i Esperit Sant, que son tres personas i un sol Deu verdader que reina per sempre i sens fi. Amén.

A vos gloriós Sant Cipriá, servidor de Deu nostre Senyor produhit en lo mateix enenient i el gran cumbre i Creu Santa de Deu. Cipriá Sant alabat en lo temps antich vista la malatía de vostre servidor N. i las suas maldats, per las cuals fou admés sobre el poder del diable i no coneixia lo vostre Sant nom. Lligaba los núvols que no ploguesen sobre la terra y la terra no daba fruit, lligaba los peixos del mar que no anessin per les arenas de las aiguas, i la molta gran malicia de mas maldats, i las donas que estaban prenyades no podían parir, totes aquestas cosas feya yo en nom del diable i era en nom de Deu Jesucrist com que coneixo lo vostre santíssim nom santificat i amable so tornat de la multitud del meus mis, i ara afirmo de tot mon cor i de tota ma voluntad, me poso al costat de vostre diví amor i vostres manaments perque de vostres manaments perque me convidi lo seu amor a la gran misericordia, perque vos sou la paraula del molt alt poder tant poderós perque rompeu i desfeu tots los enllansaments de totes les criaturas i de tots los homes i dones caigan la pluja sobre la terra domensos fruits los abres, i las donas parescan sos fills sens ninguna tucia i mamen la llet del pits de sas mares, i se duen los peixos del mar, i tos los animals que van obre la terra i se deslliguen, tots els llansaments que van sobre la terra i se deslliguen, tots els núvols del Cel i totes las altras cosas de tots els homes i dones que han passat tota manera de mals encisos de día i de nit, totats sian desfetas i deslligdas por lo Sant nom de Jesús fonga tot mal enemich de mí, de aquell o aquella, sia desfet i deslligat tot mal tot mal i tots los mal encisos i mals fets i las mias i las suas obras amb sian aprofitdas devan del Senyor... † Y que nos guardi de nit i de día del diable i del seu poder i de tots sos encisamants, per lo san nom de Deu, glorificat i pujat al Cel desde la terra, i per Emanuel que es la paraúla de Deu pur y glorificat + Així com la pedra seca fou oberta i donaba desi aigua de ahont vivían los fills de Israel i així Senyor Totpoderós poseu la ma plena de la divina gracia sobre el vostre servidor o servidora, N. i que pertán aquesta oració, la mostrará o la té en casa sempre sia així Senyor com posareu a Adan en principi del mon en loparadis terrenal cual posareu un riu i de allí axían cuatre rius que son Gión Prisión, Tigre i Eufrates, als cuals manareu regar tot lo mon i per las tals cosas vos suplico Jesucrist que en tractar i contractar no puga detenir ni impedir lo diable malahit ni lo mal esperit, ni ningún enllasament ni mal fet de envidia contra aquestos vostres servidores. Amén Jesús. †

Mes totas aquesta cosas sin embrasadas i anuladas, que danyen ni empedescan las 72 llenguas que están repartidas per tot lo mon, cualsevol dels contraris que fassia mals sia malahit i escomunitat per les oracions dels angels bons sia absolut aquet vostre servidor N. i tota la casa mía i tots los habitants, i totas las cosas que hi ha en tot lo mon nossian totas libradas de tota especia de maleficis i encisos que fan molts i malas donas i per lo nom de Deu que baixá sobre Jerusalem, i per tots los que se reunexen devant la presencia de Deu, tan alt i tan alsíssim Criador nostre, perque lo diable malahit no tinga poder de tancar ni maltractar cualsevol que sobre sí tindrá o portará esta santa oració † estiga sert que no tindrá cap melancolia cap persona de dia ni de nit a son está i familia y en la escomunicació de S. Pere i S. Pau, i per las santas oracions i per los sants profetas, i per las santas profecías, i per la humilitat dels Religiosos, i per la hermosura de Eva, i lo sacrifici de Abel, per Deu advenidor al Judici, i per la castedat de Joanás, i per la bondat de Joseft, i per la liberació de Noé, i per la fe de Abraham y per la abundancia de Issach, al cual lo librará mon Deu i per la Job i la oració i hermosura de S. Joseph i per enllanssament de Issac i per afnixamente de Moisés per tots los sants Angels i per los sacrifide Josafat per las lágrimas, de Jeremías, per las del gloriós Zacarías, per lo profeta de los profetas, per aquel que dorn alabant a Deu nostre Señor Amén Jesús †, y per los profeta Daniel, i per las llagas dels sant Evangelista, i per la Sarsa que veu Moisés en forma de foch, i per lo resplandor de la llunas i per tots los semons que feren los sants Apóstols i per lo naixement de Nostre Senyor Jesucrist, i per lo bautisme, i per la veu que oir de pare en lo Cel, que sonaba i aquest es lo meu fill que ha eixit de mí em plau i me agrada molt que totas las gents le preguian i le adoraren, i per aquell i aquella que Llátzer del moniment i los resucitá lo fill de vida, i per aquell que se assosega los vents i las llamas i per los miracles, que fan losangels, per aquells que están prop de ells, i per lo dijuni del Apóstols, per la vinguda del Esperit Sant, que vingué sobre de ella, i por las virtuts i per lo nomque en esta oración están, i per la alabanca de Deu que cria totas las coses, i per lo Pare i per lo Fill i per lo Esperit Sant. Amén.

Si son mals encisos fets de enllasaments de lo diable mal tet prens de nit o de dia, i si es fet en ferro, o en or, o en plata, o en aram, o en plom, o en estany o en cualsevol metall, tot sia destruit o desensisat, no se ab quina no puguia penetrar de aquí al de avan, o si encis es en algún fil d'or, o cotó o fill o de llana; o de canam o cabell de Cristiá o de moro o de jueu, o be de heretje, o en font o en pont, o en mar o en vivés o en casa o en paret, o en camp o be en desert o en repartiment de rius i de tota especia de aiguas, en cors de cera, o de ferro, o su fou donat a menjar o veure li sian desfetas aquestes cosas de aquest vostre servidor N. por le vostre Sant nom tot poderós i molt altíssim, sia alabt per sempre. Amén Jesús.

De part de Deu, i de la mia de San Cipriá per lo poder que Deu me ha donat, os absolch de tots los encisos que han fet mals homes i males dones por lo nom de Deu i Abraham. Deu de Jacob. Deu de Isaach, oh Rey ran i poderós de la gloria, sian desfetas o deslligades de aquest servidor N. i de los que esta oració continuan tindrán i llegirán o farán llegir sobre de ells. Deu en son poder auxili i gracia per lo amor qu'ens té i la gran misericordia en tots los homes i donas del mon. Sia en nostre ajuda San Miquel, San Gabriel, San Rafael, tots los sants Angels i Arcángels de Nostre Deu i Senyor y principals potestas virtuts dels Cel i los ordres dels zenaventurats Sant Joan Bautista, per los sants patriarcas i profetas, i per las virtuts i oracions dels Sants apóstols San Pere i San Pau, San Andreu, San Jaume, San Tomás, San Bartomeu, San Felip, San Mateu, San Jeume Major, San March, San Macía, San LLuch, San Simón, i per totas ordres de las santas verges Mártirs y confesors de Deu, i per la corona del San Rey Davit, per los cuatre sants Evangelistas que son Lluch, Joan March y Mateu; son las cuatre piles del Cel, que no empedesquian ninguan de las setanta dos llenguas que son repartidas per tot el mon per esta o absolvió per la veu que dona Cristo cuan curá a Lázaro del moniment absolveunos. Senyor per la paraula que diu cuan digué Adan “ahon sou” absolveunous. Deu per la vostra virtud per lo cual se alsá lo malalt i li digué: "Alsat i pren los sans i santas de Deu † absolveunos de mi N. servidor vostre, i sian libradas del poder de aquiex infernal diable, i per Emanuel que la paraula de Deu sia ab nosaltres i per tot lo san nom de Deu nostre Senyor; i todas las altres cosas que son aquí nombradas, sian desfetas i desligadas per sobre mi i tots nosaltres i N., servidor vostre tots mals encisos, malts fets, lligaments i de tot mal i mala ventura. Amén Jesús.

Gloria al Pare, gloria al Hijo i gloria al Esperit Sant com era en lo principi crech i será per sempre en els sigles del sigles. Amén per sempre Jesús.

## ORACIO

Senyor Deu meu Jesucrist, Pare dulcísim, per el goig que veu teni la vostra divina Mare la sagrada nit de Resurrecció i per goig que va tení com us va veure ple de gloria ab llum de Nativitat us demano que me enlluminéu ab els dons del Esperit Sant, perque pugui cumplir la vostra voluntad tots el días de ma vida, pués viviu i regnéu del sigles pels sigles. Amén.

## ORACION

Bendita sea tu pureza, eternamente lo sea pues todo un Dios se recrea, con ti Celestial Princesa. Virgen Sagrada María, te ofrezco desde este día alma, vida y corazón, mírame con compasión, no me dejes no, Madre mía.

## A SAN ANTONIO DE PADUA

Gloriosísim Antoni. Per lo ardent efecte que distiguireu a vostre amat Jesús, per santíssima dulzura que infundí aquest Ninyo en vostre cor ab sos alagos per aquell miracle que fereu cuan deslliuráreu a vostre Pare del seu cili, acusat de falsos testimonis, per aquellas gracias que demanareu al Senyor que lo perdut se trobés, lo olvidat de recordés, lo proposat se aceptés i comensat se acabés, lo suplico vullau guardarme de falsos testimoni, injustas sentencias, malas compayas, i afavorirme de totas necesitats ab vostre eficás patrocini i en particular, i en que me alcanséu la gracia que desitxo, si es del grado de sa Divina Magestat. Vos poderós Antoni, taniu pietat de mí, puig he posat en Vos ma esperansa. ¡Oh Sant dels miracles! socorréume, i feu que visca en aquesta vida com a verdader amant de Jesús, per poder després eternament gosarlo en el Cel.

## RESPONSO

## DE SAN ANTONIO DE PADUA

Si oaeris miracula,
Mors, error, camitas
Moemon, lepra fugiunt
Aegri surgunt sani
Cedunt mare víncula:
Membra resque perditas
Petunt, et accipiunt
Juvenes, et cani
Gloria Patri et Filio
Et Spíritu Santi.
Cedunt mare víncula
Membra resque perditas;
Petunt, et accipiunt,
Juvenes et cani.
Ora pronobis Beate Antoni
Ut digni efficamur prommisionibus Christi.

## OREMUS

Ecclesiam tuam. Deus Beati Antonio Confessoris tui deprecatio votiva loetificat, ut spiritualibus sempre muniatur auxiliis, et gaudiis perfrui mereatur aeternis Per Cristum Dominum nostrum. Amén.

Pater noster. Ave María.

Si curas los milagros de la muerte, error calamidad, lepra y ahuyentas los demonios: los campos son fertiles ceden las tempestades en el mar y todos los miembros de la lozana juventud recobran su fuerza y vigor; los que piden los obtienen al instante.

Gloria al Padre, al Hijo y al Espíritu Santo.

## PROFECIA DEL VENERABLE PADRE BERNARDILLO CLAUTI

*Este religioso murió en Palao en el año 1849*

Las cosas llegarán a su término y cuando todo parecerá perdido, y que la mano del hombre no podrá más, entonces Dios, pondrá la suya y lo arreglará todo en un abrir y cerrar los ojos, como de la mañana a la tarde...

Vendrá "un gran castigo": será terrible e irá dirigido contra los impios. Sera un azote del todo nuevo, y hasta entonces nunca visto en el mundo. El cielo y la tierra se unirán y grandes pecadores se convertirán, porque entonces conocerán a Dios. Este azote se hará sentir en todo el mundo, y será tan espantoso que los que sobrevirirán se creerán haber ellos sólo escapado. Todos entonces serán buenos y penitentes. Este será instantáneo, momentáneo, pero terrible... mas será seguido de una reorganización general y de un triunfo para la Iglesia... Mas, antes que esto suceda, el mal habrá hecho tales estragos en el mundo, parecerá que los demonios hayan salido del infierno; tan grande será la persecución de los malos contra los justos, los cuales tendrán que padecer un verdadero martirio.

## POR UN DIFUNTO

Oh, Dios de quien es propio tener misericordia y perdón, humildemente os ruego por el alma de vuestro siervo N. N. que sacado habéis de este mundo, que no lo entreguéis en manos del enemigo, ni lo olvidéis para siempre: sino que mandéis a los santos ángeles que lo reciban y a la patria celestial le acompañen, para que ya que en Vos esperó y creyó, no padezca las del infierno, sino que posea la eterna alegría: Por Cristo Nuestro Señor. Amén.

## POR UN DIFUNTO O DIFUNTA

Inclinad, oh, Señor vuestros oídos a mis súplicas, con los cuales humildemente imploro vuestra gran misericordia, para que el alma de vuestro siervo o sierva N. N., que mandasteis salir de este mundo, la coloqueis en la región de la paz y de la luz, mandeis sea compañera de vuestros sanos. Por Cristo nuestro Señor Amén.

## EXORCISMOS

### *Contra las eminentes tempestades, lluvias, etc.*

Por la señal de la Cruz, de nuestros enemigos líbranos Señor, Dios nuestro. En nombre del Padre, del Hijo y del Espíritu Santo. Amén.

Luego se reza el símbolo de Fe. Creo en un Dios Padre Todopoderoso, etc.

Concluído, dígase; Kirie eleyson, Christe eleyson, Kirie eleyson. Padre nuestro (récese.)

Venga en nuestra ayuda el nombre del Señor; que hizo el cielo y la tierra.

Sea alabado el nombre del Señor. No sólo ahora, sino hasta el fin de los siglos.

Roguemos a Dios y disipemos a sus enemigos. Huyan lo que odian a El y sus obras.

Expliquemos a Cristo que nos ayude. Y su nombre pronto nos auxiliará.

Señor, oye mis oraciones. Y mi clamor llegue hasta ti.

El Señor sea con vosotros y con tu espíritu.

Oremus. Señor mío Jesucristo que hiciste el cielo y la tierra, el mar y todas las cosas que en ellos existen, que bendeciste el río Jordán, pues en él quisiste ser bautizado y tus santísimas manos y brazos extendiste en la Cruz, la que de este modo santificaste, suplicamos de tu inmensa piedad, y abundantísima bondad que estas nubes que ante mí, detrás de mí, a la derecha e izquierda, veo llenas de agua, te dignes perturbar, disolver y aniquilar; y si vienen unidas de la potestad del diablo sus impías iras turbes y destruyas, para mayor gloria de tu altísimo nombre y potentísima majestad. Tú que vives y reinas con Dios padre en unión del Espíritu Santo Dios por todos los siglos de los siglos. Amén.

(1) Después, vuelto de cara a las nubes, se signarán éstas diciendo: Rodéate nube Dios † Padre. Rodéate nube Dios † Hijo. Rodéate nube Dios † Espíritu Santo. Destrúyete nube Dios † Padre. Destrúyete nube Dios † Hijo. Destrúyete nube Dios † Espíritu Santo. Comprímete nube Dios † Padre. Comprímete nube Dios † Hijo. Comprímete nube Dios † Espíritu Santo. Amén.

Súplica, San Mateo, San Marcos, San Juan Evangelista, que el evangelio de Cristo por las cuatro partes del mundo divulgasteis por vuestros méritos y por las presentes necesidades, dad fin a esta tempestad para bien de todos los Cristianos y en unión de Nuestro Señor Jesucristo, guardadnos, defendednos y amparadnos.

Exorcismos. Yo pecador y sacerdote de

Cristo, su ministro, aunque en verdad indignamente revestido de la autoridad y virtud del mismo Dios y de Nuestro Señor Jesucristo. Emperadores de todo lo creado, no por eso confundirás ni destruirás mi poder el espíritu inmundo que excita a esas nubes y nieblas, y por virtud del mismo Dios y de Nuestro Señor Jesucristo, por su santísima † Encarnación, por su santo Nacimiento, por su Bautismo y ayuno, por su santísima cruz y pasión por su santa Resurrección, por su admirable ascensión, por su tremendo advenimiento y juicio, por los nunca bien ponderados méritos de la Santísima Virgen María y Nuestro Santísimo N., por los méritos de todos los Santos y Santas aléjate y descargate en los parajes silvestres e incultos en los que no puedas causar daño a los hombres, animales, frutos, hierbas y árboles, o a ninguna otra cosa destinada para uso de la humanidad. Por el mismo Señor Jesucristo que vendrá a juzgar a los vivos y a los muertos y por el fin de los siglos. Amén † Asimismo vuestro poder, oh demonios que conmueven a estas nubes, quedará nulo con el mandato anterior. Este es mi verdadero Hijo en quien confió el cuidado de todas las cosas † para destruir vuestro poder extendió su santísimo cuerpo en la sacratísima cruz. † Por lo mismo resucitó de entre los muertos. † Por esto mismo después de cuarenta días ascendio a los cielos. † Por eso mismo vendrá a juzgar a los vivos y a los muertos; por los siglos de los siglos. Amén.

Tomando una cruz en la mano, se dice:

He aquí el santo madero de la Cruz, huid cosas adversas, vencedlas también Vos (3) Señor Nuestro Jesucristo Hijo de Dios Omnipotente emperador del mundo, de la tribu de Judá y del reino de David.

Después con agua bendita se rocían los cuatro puntos cardinales en forma de cruz. Si no calma la tempestad dígase la letanía de los Santos. Concluída ésta dígase Salve Reina y Madre, etc.

Después bendigamos al Padre, al Hijo y al Espíritu Santo.

Adorémosle y ensalcémoste hasta el fin de los siglos. Ruega por nosotros Santa Madre de Dios.

Para que seamos dignos de alcanzar las promesas de Cristo.

Roguemos a Cristo que nos auxilia, y su nombre pronto nos auxiliará.

Señor, escucha la oración mía. Y mi clamor llegue hasta tí.

El Señor sea con vosotros. Y con tu espíritu.

Oremos. Omnipotente y eterno Dios que por medio de la confesión de verdadera fe diste a conocer a tres siervos tu gloria y eterna Trinidad para que pudieran adorar tu potente majestad en Unidad haced que seamos firmes en esa misma fe para que siempre venzamos todas las adversidades.

Oremos. Señor protege a tus siervos en larga paz y la beatísima siempre Virgen María nos ampare y nos libre de todo peligro y de caer en poder de nuestros enemigos.

Oremos. Quered Señor que vuestra santa cara espíritual se vea libre de esta maligna tempestad de agua.

Oremos. Señor, atiende las preces que te dirigimos y suplicámoste serenes nuestras tribulaciones que justamente nos afligen por nuestros pecados y de tu previsora misericordia notemos la clemencia.

Oremos, Señor Dios nuestro, dignaos conservar los puntos de la tierra para que experimentemos su auxilio temporal y podamos aumentar espiritualmente (4) por Jesucristo Señor nuestro. Amén.

Pueden rezarse oraciones a otros Santos y si la tempestad no ha calmado puede repetirse lo dicho varias veces.

## JESUS, MARIA Y JOSE

*Copia de una carta milagrosa copiada de un padre Reverendo, del 6 de Julio del año 1892, que dice así:*

Milagro de una carta que bajó del Cielo en manos de un sacerdote, llamado Don Nicolás Vicente, estando celebrando misa en la iglesia de San Pedro, en Roma, en ocasión de estar consagrándole cayó en la patena.

Cogió él entonces la carta que nadie pudo explicarla, sino un niño sordo y mudo llamado Angel, en vista de cuyo prodigio su Santidad dispuso que fuese copiada al pie de la letra. Dice así:

"Hijos muy queridos y redimidos con mi Sangre, la que derramé por vosotros al pie de la Cruz. Si no fuera por los ruegos de mi

Santísima Madre y de los Santos de vuestra devoción, ya os hubiera confundido en vuestras maldades, y os prevengo que si no os enmendáis y guardáis las fiestas especialmente los domingos, os entrarán penas y pasaréis hambre y sed, sin que logréis cosa buena. si no lo hacéis así, los primeros de Agosto veréis el sol que os atemorizaréis unos con otros. Os mando que hagáis penitencia, o si no tendréis trabajos y tormentos. No mováis escándalos.

No os acordéis de las almas que os han agraviado; por lo tanto lo criado, dando limosna (los que puedan) y no jureis en vano mi Santo nombre. No profanéis la señal de la Cruz, no guardéis rencor alguno, unos con otros; si no hacéis penitencia de vuestras culpas, se os abrirá la tierra que os tragará y arderéis en viva llama. Os encargo recéis a mi Santísima Madre, Santa Catalina, Santa Ana y Santo Domingo de Guzmán; pues si no fuera por los ruegos que por vosotros hacen ya habría caído el rayo de mi divina justicia.

Si alguno dijera que este original es de un hombre y no de Dios Todopoderoso, será maldito del Cielo y de la tierra; las personas que llevaran copia de esta carta, serán benditas ellas y su familia toda y el día (de un pueblo a otro) del juicio serán perdonados sus pecados y puesto en mi derecha y será en mi vuestra alegría. El que desprecie esta carta, será maldito del Cielo y de la tierra y experimentará el rigor de Dios Todopoderoso, así como la persona que de sus bienes diera alguna limosna para que se traslade esa carta a todos los pueblos, será bendita del Cielo y tierra. Os mando que socorráis a los pobres y necesitados. Amaréis a vuestro prójimo y sobre todo a Dios Todopoderoso, de todo corazón: y si así no lo hacéis, la maldición de Dios sería para vosotros y tendréis guerra, peste, calamidades y trabajos. Y aspirad cinco veces al año en memoria y muerte guardad esta carta con gran devoción, afecto y fidelidad. La daréis a copiar a los que la pidan y los que la guardasen sin publicarla, tendrán grandes trabajos hasta el día del juicio. El cristiano que la copie y la publique, será bendito de Dios; y aunque tuviera pecados que no entren en el cielo, le serán perdonados.

Entre otras virtudes, la particular es que si se pone sobre una mujer que estuviese de parto parirá con la mayor facilidad, por cuyo beneficio quedará obligada a rezar tres Ave Marías, en honra y gloria a mi Santísima Madre, Virgen de la Concepción y concebida en gracia y sin pecado original".

## ORACION

¡Oh, Santísima Cruz! ¡Oh, inocente y piadoso Cordero! ¡Oh, pena grave y cruel! ¡Oh, pobreza de Cristo mi Redentor! ¡Oh, llagas muy lastimadas! ¡Oh, corazón traspasado! ¡Oh, sangre de Cristo derramada! ¡Oh, muerte de Cristo amarga! ¡Oh, dignidad de Dios digna de ser reverenciada! Ayúdame, Señor, para alcanzar la vida eterna. Amén.

## SAN CRISTOBAL

En la orilla del mar, tres marinos que estaban en una puerta, vieron pasar a San Cristóbal y rociáronle en el baldón con la oración del peregrino, cuando Magdalena vino con los paños a limpiar a Jesús; no te asustes, que esta son las cinco llagas que todos hemos de pasar, tanto los chicos como los grandes, como toda la cristiandad. Cristóbal, Santo y varón, libra mi casa de brujos, brujas hechizos, falsos testimonio y enredos, para tranquilidad. Pax domine. Tres Padre Nuestros, tres Ave Marías y tres Credos.

## VIDA

San Cristobal, antes de ser cristiano, se

llamaba Offerus, y era un verdadero gigante, tanto por el desarrollo de sus miembros como por su extraordinaria fuerza; instalóse en la Corte de un monarca poderosísimo, el que se felicitaba de la adquisición de un hombre tan robusto y valiente, hasta que cierto día un hechicero pronunció el nombre del diablo en presencia del Rey, éste aterrorizado, hizo al momento la señal de la Cruz.

–¿A qué viene eso? –preguntó Offerus. –Por miedo que tengo al diablo, respondió el Rey. –Pues si lo temes, prueba que tú no eres tan poderoso como él. Cosa hecha; ahora mismo voy a servir al diablo. Y Offerus marchó de aquel lugar.

Después de andar mucho, vió venir hacia él jinetes armados y capitaneados por un individuo enteramente negro y de aspecto aterrador. –Offerus, le dijo: ¿a quién buscas? Busco al diablo para servirle. –¿Al diablo? pues mira yo soy. –Offerus se agregó en seguida de aquella comitiva, y siguiendo su camino se encontraron a mitad de él con una cruz erigida allí, al verla el diablo de repente se detiene y manda su gente volver atrás. –¿Por qué hemos de retroceder así? –preguntó Offerus. –Por miedo que tengo a la imagen de Cristo, contestó el diablo. –Pues entonces si tú temes a Cristo, prueba de que no eres tan fuerte como él, por lo tanto, te dejo y me voy con Cristo.

Offerus tomó otra dirección, no tardando en encontrar un ermitaño, a quien preguntó: ¿Dónde está Cristo? –En todas partes, respondió el ermitaño. –No te entiendo, dijo Offerus, pero si eso es verdad, dime qué servicios puede prestarle un hombre robusto e inteligente como yo. –Pues a Cristo se le sirve con oraciones, ayunos y vigilias, añadió el ermitaño. –A quién replicó Offerus: Has de saber que yo no puedo orar, ayunar, ni velar, porque no conozco estas prácticas y así enseñame otra manera de servirle. –El ermitaño le condujo entonces junto a un torrente que bajaba impetuoso de la montaña. –Los infelices, le dijo, que pretenden atravesar esta corriente perecen ahogados. –Quédate, pues, aquí y conforme vayan viniendo, lleválos a cuestas de una a otra orilla, que haciéndolo por amor a Cristo te reconocerá por un servidor suyo. –Esto ya me gusta y de esa manera me pongo en seguida a servir a Cristo.

Construyóse allí mismo la choza, día y

noche pasaba a los viajeros de uno a otro lado del torrente. Aconteció una noche que rendido por el cansancio, se había dormido, y oyóse despertar por la voz de un Niño que le llamo tres veces por su nombre. Levantáse en seguida, y cargando al Niño a cuestas, entró en el torrente. De pronto crece furiosa la avenida, y el Niño empieza a pesarle de un modo extraordinario. Offerus arranca un árbol para apoyarse y darse más fuerza, pero la corriente sigue creciendo y el Niño se convierte en una carga insoportable. Offerus, temeroso de que el Niño se le cayese al agua, levantó la cabeza, y mirándole le dijo; Niño pesas de tal modo, que me parece llevo el mundo encima. A lo que el Niño contestó: Has de saber que no sólo llevas al mundo, sino al Creador del mundo. Yo soy el Cristo, tu Dios y Señor, a quien debes servir. Te bautizo en nombre de mi Padre en mi propio nombre y en nombre del Espíritu Santo. De hoy en adelante te llamarás Cristóbal, que quiere decir lleva a Cristo.

Dicho esto desapareció el Niño, y sintió Cristóbal vivísimos deseos de servir a Dios de alguna otra manera que con sus solas fuerzas físicas. Abandonó el trabajo que se había impuesto a las orillas del torrente, y emprendió largo camino. Guiando sus pasos el Espíritu Santo, llegó a una ciudad donde los cristianos padecían terrible persecución por la fe, y aunque al principio ni siquiera entendía el idioma, se asoció a sus oraciones y prácticas, convirtiéndose pronto en ardiente defensor de la Religión cristiana. Teniendo de esto noticia el Rey, se enfureció de tal modo, que mandó un escuadrón de doscientos soldados a prender a Cristóbal. Encontráronle en oración y quedaron tan sobrecogidos en su presencia, que no se atrevieron siquiera poner la mano encima. Entonces mandó el Rey otros doscientos hombres y al verlos de lejos Cristóbal les dijo: ¿Que queréis de mi? Bastaron estas palabras para que, aterrados, le contestasen: tenemos orden de prenderle, pero si no quieres venir con nosotros, huye de aquí y diremos que no te hemos encontrado. Se fué hacia ellos Cristóbal, y les dijo: No es lícito mentir; aquí me tenéis, atadme los brazos y llevadme a la presencia de vuestro Rey. Así lo hicieron y durante el camino quedaron tan admirados del fervor de la fe de Cristóbal que muchos se convirtieron.

El Rey lo recibió cortesmente, pero luego que vió frustrada su esperanza de vencerlo por halagos y promesas, mandó que fuése asaeteado. Cumplióse la orden, pero realizándose el prodigio de que las flechas disparadas quedaban suspendidas en el aire, mirándolas con faz risueña, mientras la cólera del Rey no tenía límites. Sucedió que en un disparo hirieron las flechas los ojos del Rey, que quedó ciego en el acto, y para poner termino a aquel espectáculo, mandó fuese decapitado Cristóbal. Entonces éste le dijo que curaría de la ceguera, si después que fuese cortada su cabeza, tomaba un poco de su sangre y mojaba con ella sus párpados. Así lo hizo el Rey, presenciando multitud de gentes el prodigio de que instantaneamente recobrase la vista.

## ORACION

*Al feliz tránsito de Santa Rita, para alcanzar una santa muerte.*

¡Oh, abogada mía, Santa Rita, llegasteis ya el tiempo de concluir vuestras gloriosas fatigas; ya vuestro Esposo, a quien fielmente

servisteis, os quiere más cerca de El para coronaros en el cielo de la gloria; ya el Padre celestial, que se os manifestó en visión (como a otro Patriarca Jacob en el día de vuestra gloriosa profesión en la cumbre de la escala por donde subían y bajaban los ángeles), os aguarda amante con los brazos abiertos para recibiros en el empíreo! Alégrome con vos en este día, ¡Oh, mi gloriosa protectora! viendo que Jesús y su Santísima Madre enamorados os convidan para los celestiales desposorios; y ya os llaman el precursor Juan Bautista, vuestro padre San Agustín y vuestro hermano San Nicolás de Toolentino (que fueron paraninfos del matrimonio roto en vuestro ingreso a la religión) por gozarse con vuestra dicha, en vuestro matrimonio consumado en la suma e inadmisible unión de vuestro esposo; los ángeles que os frecuentaron en vuestra enfermedad y encendieron vuestro espíritu en más vivos deseos de los indisolubles abrazos del Amado os sirven ya de trono con sus manos para la posesión de la eterna corona.

¡Oh, qué buena compañía lograsteis en remuneración de vuestra soledad y retiro! ¡Oh, como vuestra celda, testigo de vuestra perenes lágrimas y suspiros, se convirtió en celestial paraíso! Esto es, santa mía, el galardón que merecieron vuestros ayunos, penitencias mortificaciones y el dolor imponderable de vuestra corona de espinas. Alabo, bendigo y adoro a la beatísima Trinidad por la grande gloria que poseéis.

Por vuestra suma clemencia os suplico, gloriosa Santa, que me ampareis (especialmente en mi mayor necesidad que será en la última hora de mi vida). Vos, admirable Santa, os mostraréis en vuestro cuerpo antes extenuado, luego que espirasteis, resplandeciente y gloriosa, para que conociéramos cuánta es la gloria de vuestra alma; Vos abrís los ojos agradecida a vuestros devotos para explicar vuestros deseos; Vos os levantáis en el sepulcro para que veamos vuestra protección. Vos exhaláis celestiales fragancias cuando nos favorecéis, para que sintamos las ansias de vuestro amor. ¡Cuánta confianza nos infunden tan celestiales maravillas para implorar vuestra intercesión! Y, pues, sois tan poderosa con Dios por aquel celo que tuvisteis siempre de la salud de los pecadores y el vivo deseo que yo tengo de ser vuestro fidelísimo siervo (aunque indigno de ser oído), enseñadme desde el cielo y sed mi guía en mi peregrinación, para que viva imitando de tal suerte vuestras heroicas virtudes, que merezcan con vuestro patrocinio morir en un acto de amor divino perfectísimo y en vuestra compañía bendecir eternamente lo que he pedido en este novenario, si es para mayor gloria de Dios, bien de mi alma y culto vuestro. Amén.

*Contra el dolor de muelas*

Estando San Pedro sentado en la orilla del río Jordán, triste y melancólico, llegó Cristo y le dijo: "Qué tienes, Pedro, que estás triste y melancólico? "Señor, respondió San Pedro: me duelen las muelas a causa de unos gusanillos que las están moviendo. El Señor le dijo: "Yo te concedo que no te duelan más las muelas, a causa de los gusanillos, en el nombre del Padre, del Hijo y del Espíritu Santo.

"Señor, suplicó San Pedro: yo os suplico que todos los que lleven estas palabras escritas sobre sí, que no les duelan más las muelas a causa de los gusanillos.

El Señor se lo concedio en nombre del Padre, del Hijo y del Espíritu Santo. Amén.

ORACIO

*Per a curar el mal de ventre*

Entre mitj de l'art i la tina está nostre Redentó a gust de la senyora i a disgust del senyó. Vos que sou pare de clemencia, feume passar el doló.

Se résan tres Pare nostres a la Santísima Trinitat.

## PER A CURAR L'ANYORAMENT

Per a curá l'anyorament de una criatura que estigui trista i plori, sa mare o el seu pare deurá portarla al riu, nou dies seguits, i agafant nou pedretes cada día, les ha de doná a la criatura de una a una, que aquesta les anirá tiran al riu i a cada una, sa mare o el seu pare ha de dí: aigua del riu, aigua corrent, cúrem al meu fill de anyorament.

Tres Pare nostres a la Santísima Trinitat.

## PER A CURAR LOS TELS DELS ULLS

Desfeta qui te ha feta, qui te ha criada, entre mitj de carn i san Daniel
que te la arrenquí de soca i de arrel,
clar es la lluna, clar es lo sol
y clara es la desfeta si Diu ho vol.

En honra i gloria a la Santísima Trinitat que la desfeta sigui curada ben aviat.

Mentres se va dient aquesta oració, se ha

d'anar senyant l'ull i luego desprès se resan tres Pare nostres a la Santísima Trinitat.

## PER A CURAR LA MELSA

Se tenen nou grans de sal del tamany d'un ga de blat de moro i s'agafan de un a un senyant-se el costat esqauerte tot dient aquestas paraulas: En nom de Deu qu em Curis † de la melsa i de tot mal † aizís se curiaquesta melsa com se fondrá aquesta sal †.

Se tira seguidamente el gra de sal dintre d'una tassa que's tindrá preparada, casi plena d'aigua i es dirá Jesús, repetintlo tantes vegades com grans se tirin dintre l'aigua, los cuals podrán llensarse passat nou o deu hores.

Aquesta operació se ha de fer cada dematí i cada vespre durant nou dies seguits i se resan tres Pare nostres a la Santísima Trinitat.

## PER A CURAR L'ESLLOMAT

San Bernat i Sans Maura van per un camí, trovan a N. N. esllomat, curéulo vos Maura, curéulo vos Bernat, en honra i gloria a la Santísima Trinitat.

Se repeteix tres vegades i se dihuen tres Pare nostres a la Santísima Trinitat.

## PER ALTRES VARIS MALS

Mal fet † mal vist + doló i mal sigui curat † com cinch llagas de Deu Jesucrist.

Se senya tres vegadas i se reza tres Ave Marías a la Santísima Trinitat.

## EL CAMINO

## ORACION Y MENSAJE DE BUEN AUGURIO

¡Yo invoco la sublime influencia del Padre Eterno para obtener éxito y adelanto en todos los asuntos de mi vida y para allanar todas las dificultades que haya en mi CAMINO!

¡Invoco la ayuda del Espíritu Santo para que la buena estrella alumbre mi CAMINO y me espante la mala sombra que me siga!

¡Invoco al Dios de las alturas para que mi casa prospere, aumente mi empresa y mi esposa reciba un mensaje de BUENA SUERTE enviado por la Divina Providencia!

¡Oh Gran Poder Oculto!–Imploro tu Suprema Majestad para que me apartes del peligro en el momento preciso y para que mi CAMINO se vea iluminado por el FARO DE LA FORTUNA

Yo recibiré las infinitas bendiciones del Cielo. Creo en Dios Padre Todopoderoso. AMEN.

(Esta oración se rezará el lunes de cada semana durante 33 lunes y al frente de una imagen de San Cristóbal, iluminada por dos velas).

*¡Anda, Caminante, Anda!*

## ATAQUE Y DEFENSA CONTRA EL ENEMIGO FE Y AVANTE

¡Yo estoy en marcha en el camino de la vida, protegido por el ANGEL DE LA GUARDA y avisado por mi guía espiritual!

Que avance el enemigo cuando quiera. Si me ofende, cuando me ataque, sucumbirá. Si me oyen sus oídos, cuando me escuche, sordo se tornará. Si me tocan sus manos, cuando me agarre, su tacto se perderá. Si me alcanza, sus piernas se quebrarán. Si con su lengua me quisiera zaherir, cuando me injurie, mudo se volverá. Si con su traición intenta venderme, cuando me entregue, fenecerá... FE, VALOR y ADELANTE! El gran poder de Dios me defiende de las artimañas del mundo, de los celos perniciosos y de los malos ojos de la envidia! ¡Padre nuestro que estás en los cielos! Amén, Jesús.

(Esta oración se rezará en igual forma que la anterior y durante el mismo tiempo, en presencia de la imagen de San Cristóbal, iluminada por dos velas).

Póngase en ella toda la FE para que se logren sus beneficios.

## LA VIRTUD SUPREMA

PACIENCIA es lo único que hace falta para soportar diariamente las rudezas de la vida. Con PACIENCIA sobrellevaremos las contrariedades, las desgracias, los dolores, los sufrimientos morales, tanto más amargos cuanto que tiene origen en nuestras propias faltas. Una PACIENCIA inagotable es necesaria para enfrentarnos con los peligros que a cada paso se presentan en el CAMINO del mundo. Como un piloto en medio de los escollos y de la tempestad, tenemos que conservar la PACIENCIA si no queremos enloquecer o morir víctimas del miedo y la desesperación. –La condición de la PACIENCIA es no dejarse abatir en ningún momento, oponiendo de cualquier modo resistencia valerosa a los obstáculos que nos depare el destino. Tengamos PACIENCIA y obtendremos tarde o temprano el justo premio a nuestros buenos propósitos.

Esta oración es utilísima para los caminantes, para los aventureros, marinos y en general para todas aquellas personas emprendedoras y deseosas de progresar en los diferentes senderos de la vida. Puede proporcionar grandes ventajas en los negocios y salvar serias dificultades, allanando obstáculos. Con la FE se mueven las montañas.

## ORACION A DON PEDRITO JARAMILLO

### Oración al Todopoderoso y Evocación al Espíritu Puro de

### DON PEDRITO JARAMILLO

¡Oh Dios de infinita bondad y misericordia! Yo os suplico la gracia de que, el espíritu purificado del que fué en el plano terrenal DON PEDRITO JARAMILLO, asistido por el Angel de mi guarda, venga en estos momentos angustiosos a prestarme el auxilio y consuelo que necesito; que él atienda a mi enfermedad, que me preste su consejo para curarme, como por

**Tu Bondad Infinita pudo hacerlo cuando se encontraba en el plano de la vida terrena. ¡Oh Espíritu purificado de DON PEDRITO JARAMILLO!** si te lo permite el Altísimo como yo fervientemente lo suplico, acércate a mí y ayúdame a curar mis dolencias! (o las dolencias por quien se le invoque).

Yo rogaré por el mayor desenvolvimiento de tu espíritu para que cada vez te eleves a superiores planos de perfección. Alabado sea el Santísimo!–Amén.

# ALGUNOS VERSICULOS DEL EVANGELIO

## *Sobre la Oración*

## CUALIDADES DE LA ORACION

Y cuando oréis, no seáis como los hipócritas, que aman el orar de pie en las sinagogas y en las esquinas de las plazas para ser vistos de los hombres: en verdad os digo que recibieron su galardón. –Mas tú cuando ores, entra en tu aposento y cerrada la puerta, ora a tu Padre en secreto, y tu Padre, que ve en lo secreto te recompensará. –Y cuando oréis, no hableis mucho, como los gentiles, pues piensan que por mucho hablar serán oídos. –Pues no queráis asemejaros a ellos, porque vuestro Padre sabe lo que habéis menester, antes que lo pidáis. –(San Mateo, C. VI, ver. 5 a 8).

Y cuando estuviereis para orar, si tuviereis alguna cosa contra alguna, perdonadle; para que vuestro Padre, que está en los cielos, os perdone también vuestros pecados. –(San Marcos, cap. XI, ver. 25 y 26).

## PEDID Y SE OS DARA

Por tanto, os digo, que todas las cosas que pidiereis orando, creed que las recibiréis y os vendrán. –(San Marcos, cap. XI, vers. 24).

## CONTEMPLAD LAS AVES DEL CIELO

No queráis atesorar para vosotros tesoros en la tierra: donde orín y polilla los consume; y en donde ladrones los desentierran; y roban. – Mas atesorad para vosotros tesoros en el cielo, en donde ni los consume orín ni polilla, y en donde ladrones no los desentierran ni roban. – Porque en donde está tu tesoro, allí está también tu corazón.

Por tanto os digo, no andéis afanados que vuestra alma, que comeréis, ni para vuestro cuerpo que vestiréis. ¿No es más el alma que la comida, y el cuerpo que el vestido?

Mirad las aves del cielo, que no siembran ni siegan, ni allegan en trajes: y vuestro Padre Celestial las alimenta. Pues, ¿no sois vosotros mucho más que ellas? ¿Y quién de vosotros discurriendo puede añadir un codo a su estatura?

¿Y por qué andais acongojados por el vestido? Considerad cómo crecen los lirios del campo: no trabajan ni hilan. –Y digo, que ni Salomón en toda su gloria fué cubierto por uno de éstos. –Pues si el heno del campo, que hoy es y mañana es echado al horno, Dios viste así, ¿cuánto más a vosotros, hombres de poca fe?

No os acongojéis, pues, diciendo, ¿qué comeremos o qué beberemos, o con qué nos cubriremos? Porque los gentiles se afanan por estas cosas. Y vuestro Padre sabe que tenéis necesidad de ellas.

Buscad, pues, primeramente el Reino de Dios y su justicia, y todas estas cosas se os darán añadidas. Y así no andéis cuidadosos por el dia de mañana. Porque el día de mañana a sí mismo se traerá su cuidado. "Le basta el día su propio afán". –(San Mateo, cap. VI, vers. 19 a 21 y 25 a 34).

## ORACION EN PELIGRO EMINENTE

En los peligros a que estamos expuestos Dios nos recuerda nuestra debilidad y la fragilidad de nuestra existencia. Nos enseña que nuestra vida está en sus manos, y que pende de un hilo que puede romperse cuando menos lo esperamos. En cuanto a esto no hay privilegio para nadie, porque tanto el grande como el pequeño están sometidos a las mismas alternativas.

Si se examinan la naturaleza y las consecuencias del peligro, se verá que muchas veces, si se hubiesen cumplido esas consecuencias, hubieran sido castigos de una falta cometida de un "deber descuidado".

## ORACION

¡Dios Todopoderoso, y vos, mi ángel de la guarda, socorredme! Si debo sucumbir, que se haga la voluntad de Dios. Si me salvo, que en el resto de mi vida repare el mal que he hecho y del que me arrepiento.

## ACCION DE GRACIAS DESPUES DE HABER SALIDO DEL PELIGRO

Por el peligro que hemos corrido, Dios nos

enseña que de un momento a otro podemos ser llamados a dar cuentas del empleo que hemos hecho de la vida; de este modo nos advierte para que nos reconcentremos y enmendemos.

## MANDAMIENTOS

"Fué, es y será" el autor del orden porque el universo existe, a quien el hombre siente por los beneficios de su Providencia que le proclaman infinito de bondad, sabiduría, poder y grandeza.

En El creed, aunque no podáis comprenderle; a El sólo adorad, no en imagen, pues no hay nada que pueda representarle; no invocándolo, porque su nombre es inefable; no en lugar cerrado, porque nada pueda contenerle; no en lugar abierto, porque la tierra entera es un átomo entre la infinidad de los astros que pueblan la inmensidad; mas sí en espíritu y en verdad, haciendo toda justicia, practicando toda virtud y principalmente la misericordia por la cual el hombre se constituye en ministro de su Providencia.

Hombres ha habido en todo tiempo que se

distinguieron por sus virtudes, por su sabiduría, por sus servicios y por su abnegación en beneficio de sus semejantes, que los desconocieron a causa de sus preocupaciones, del presuntuoso celo de sus doctores, y de la ignorancia de sus gobernantes que les persiguieron y calumniaron.

Reverenciadlos vosotros, y que sus hechos y sus enseñanzas estén siempre, más que sus imágenes, presentes en nuestra memoria, para que os sirvan de ejemplo y norma de conducta.

Consagrad un día a la semana, y una hora de cada día, en honor de los grandes hombres para dar descanso al cuerpo y confrontar vuestro espíritu leyendo u oyendo la relación de sus grandes hechos, y para contemplar en las noches serenas, con buena dirección, las maravillas del cielo, que atestiguan la gloria del Omnipotente.

Honrad a vuestros padres y maestros y a los que por su ilustración, por su virtud y por sus servicios se distinguieron entre vosotros.

Oíd sus amonestaciones y sus consejos, y prestad involuntaria obediencia a sus mandatos que no fueron injustos disimulando piadosamente sus errores y debilidades.

Arreglad vuestra conducta a las leyes que rigen doquiera que estuviereis y no resistáis abiertamente los mandatos de los que fueren propuestos para hacerlos cumplir; pues se supone que éstos son justos, y que aquéllos, expresión formal de la razón y de la convivencia pública.

Mas observad con prudencia lo que os sugiera vuestra propia dignidad y conciencia, ante quien pueda remediarlo, y procurad, en unión con vuestros iguales, la revocación de lo que tengan de inconveniente o injusto.

No os permitáis jamás inmotivada o excusable violencia; ni consintáis abuso de poder ni usurpación de autoridad, ni concución ni prevaricación, ni malversación de caudales, ni sentencia injusta, y mucho menos si cayeran en daño de viuda, huérfano, desvalido, incapacitado o ausente.

No os hagáis partícipes, a sabiendas, en coacción, engaño, defraudación, infidelidad, tumulto, asonada, sedición ni conspiración contra la seguridad, la paz y el orden público.

Mas exponed dignamente vuestros agravios y las reclamaciones justas contra todo abuso de poder; y si la decisión de las civiles contiendas hubiere de encomendarse a la de armas, salid de vuestra abstención, consultad vuestra conciencia y decidíos por la justa causa.

Rendid culto en vuestro corazón a la verdad y a la justicia, y propagadlo entre personas dignas, capaces de entenderlo.

Mas guardadlo tenazmente ante la muchedumbre, que suele no comprenderlo, y acaba siempre por desfigurar y calumniar a los que lo profesan.

A pesar de eso, no os excuséis cuando sea tiempo de inciarlo en público y de afirmarlo a la paz del mundo, sosteniéndolo con serenidad y tesón contra todos sus impugnadores.

No hagáis mal a nadie, y conducios respecto a los demás como quisierais que hiciesen con vosotros. En la duda, absteneros, y en todo caso, antes devolver bien por mal, y ser víctimas antes que verdugos. No por eso hallen lugar en vuestro corazón el resentimiento, ni el despecho, ni los arrebatos de la ira, ni las excitaciones de la venganza.

Dad a cada cual lo que le es debido, de buen grado y con sencillez de corazón, aun antes de que os lo exijan, procurad bastaros a vosotros mismos y no deber nada a nadie para conservar íntegro el tesoro inapreciable de vuestra independencia.

Sed escrupulosamente fieles en el cumplimiento de vuestros empeños, contratos y obligaciones, de modo que vuestra palabra sea para los que os conozcan prenda de oro, y vuestra firma como escritura solemne.

Mas no la deis sin madura liberación, ni por pequeña causa, ni sin la certidumbre de desempeñarlas dignamente a su tiempo.

Comprad y vended con peso y medida justa, y pagad en buena moneda de ley, lo bueno por bueno y lo malo por lo que es; estimando en más nuestro crédito de honrados, que la fama dudosa de hábiles o listos.

No defraudéis al operario ni le escatiméis la merced de su trabajo, porque es deuda de sangre y esperanza justa de una familia necesitada. Mostrad más bien que si sois rico, ante todo sois justo y digno de serlo, puesto que proyectáis con prudencia, administráis con economía y distribuís con equidad.

No maltratéis a los pobres seres que os ayudan a ganar el sustento, ni descuidéis a los que viven y mueren por vosotros, contentos, si no les negáis los cuidados necesarios para su conservación. Ni menos queráis que ensucie vuestras manos sangre inocente, ni que por vuestra causa se conmueva el aire con gritos de dolor y clamor de angustia.

No manche vuestros labios la mentira y tened en horror a la calumnia y a quien la profiere, pues tiene gangrenado el corazón y apenas hay lugar en él al arrepentimiento.,

Sed idólatras de vuestra patria; celosos de su dignidad y de sus independencia, y también de vuestros derechos, que son el patrimonio común y la condición esencial del bien de todos.

Servidla fielmente, pagando los impuestos justos; defendiéndola valientemente de sus enemigos; obedeciendo sus leyes; honrando a los encargados de hacerlas cumplir; ilustrando a vuestros conciudadanos con sus buenos consejos; coadyuvando a la recta administración de justicia; desempeñando a conciencia las obligaciones de los cargos que os confiaren y procurando la conservación de la paz pública.

También serviréis a vuestra patria, eligiendo hombres doctos que enseñen a vuestros hijos; hombres sabios para gobernar vuestros pueblos; hombres de honor y de responsabilidad que administren los bienes comunes, y escogiendo siempre hombres de ciencia y de prudencia a quien asociaros para vuestros negocios y aun para vuestro trato.

Trabajad para instruiros; instruíos para trabajar, y trabajad con recogimiento y perseverancia a fin de proveer a vuestras necesidades: mejorad la hacienda de vuestros padres: criad la holgura y educad bien a vuestros hijos; afirmad vuestra independencia, y haced bien a todos sin empobreceros.

Procuraos un tiempo conveniente, y procurad a vuestros hijos hechos hombres, mujer robusta, hacendosa, morigerada e instruída en sus deberes, a quien tengáis bien conocida así como a sus padres, y aunque no sea rica, que sea capaz de ayudaros a conservar y aumentar vuestra hacienda y de procuraros una descendencia hermosa y que os honre.

No deis vuestras hijas a quien no valga tanto como ellas; dadlas a jóvenes instruídos, de buenas costumbres, trabajadores, robustos y de buen parecer capaces de honrarlas y de llenar cumplidamente sus obligaciones.

No forcéis la voluntad ni las inclinaciones de vuestros hijos, y menos de vuestras hijas sin muy fundados motivos o con pretexto de ventajas materiales. Considerad que estáis, respecto de ellos, en lugar de la Providencia que vela por, el bien de todos con igual amor; que les da lo que necesitan, incluso el conocimiento del bien y del mal, pero que deja a cada uno árbitro y responsable de sus acciones.

Amad a los que por naturaleza, por deuda de amistad o de sangre, o por misericordia, o por convención, o por razón de profesión, estuvieren confiados a vuestro amparo, dirección o guarda; procurando instruirlos en sus deberes, haciendo que cumplan sus obligaciones y que aprendan a vivir por sí mismos.

Aunadlos, en cuanto sea posible, a vuestros trabajos, y que vean siempre en vuestra conducta y en vuestro porte intachables, un modelo que imitar, un padre bondadoso a quien querer, un maestro a quien oír y consultar con confianza.

Sed agradecidos a quien os favorece, aún pagándole, si lo hiciere por razón de profesión u oficio; sed deferentes con los ancianos; llanos y afables con los de vuestra edad;

cariñosos con los menores; serviciales con los impedidos; compasivos con los necesitados; obsequiosos con los extranjeros y las mujeres; justos y dignos con todos, aunque fueren vuestros enemigos; y benevolos hasta para los animales.

No prostituyáis vuestra dignidad de hombres con ocasiones torpes e insensatas; ni vuestro nombre con palabras deshonestas, con blasfemias y con juramentos; no comprometáis vuestra salud con excesos que desagradan, ni vuestra hacienda con gastos superfluos que podáis invertir en su mejoramiento, en vuestros hijos, o en socorrer a los necesitados.

Sed sobrios de palabras, aun sobre lo que supierais y principalmente, cuando pueden redundar en daño de otro, para no incurrir en errores groseros y acarrearos tardíos arrepentimientos.

Huid de donde se murmura si no podéis evitar que continúe, y de donde se pierde el tiempo en entretenimientos vanos, deshonestos, peligrosos o crueles, para no haceros cómplices de propósitos necios, de bárbaras licencias o de escandalosos procederes.

No deis oídos a propósitos injustos ni lugar

en vuestro corazón a las sugestiones de la envidia, ni a los arrebatos de la ira, ni a las excitaciones de la venganza, ni a los halagos de la codicia, ni a los halagos de la lisonja.

Sabed que la virtud sin la religión todavía es virtud: mientras que la religión sin la virtud no es más que una hipocresía, manto de la impostura, o fautora del fanatismo, máscara del despotismo y cómplice de toda tirania.

La virtud no es extremosa, ni entremetida, ni locuaz, ni presurosa, ni mucho menos fastuosa, soberbia, desconfiada ni adusta. Es, por el contrario, afable, sencilla, mansa, confiada, benévola con todos, pero más que nada misericordiosa sóslo de sí misma, olvidadiza y severa consigo misma.

Recordad que toda virtud está contenida en las palabras siguientes: "prudencia, justicia, fortaleza y templanza" y toda perfección de esta obra: CARIDAD. "Que os améis los unos a los otros, nos dijo Jesucristo: y amad aquel que da hasta la vida por sus amigos." Esta es toda la ley.

Téngase en cuenta que la muerte es inevitable, y la vida futura, el producto de la presente con la turbación y los remordimientos consiguientes al mal que se hubiere hecho y al bien que, pudiendo, se hubiere dejado de hacer; que para el justo, es el tránsito a una vida mejor, llena de puras e inefables satisfacciones, y para el que no lo es, principio de punzantes dolores y de mayores trabajos, con ese esplín que trae el descontento y el desprecio de sí mismo que no tiene más alivio que el sincero arrepentimiento y nuevas existencias de expiación.

Así, puesto que ignoramos la hora, el sitio, la ocasión en que hayamos de pagar ese tributo a la naturaleza, vivamos de modo que se pueda decir con verdad: "he nacido, he vivido y muero por la verdad, por la justicia y por la libertad".

Bienaventurados los que mueren por una justa causa, y mucho más si vivieron en paz y en justicia en los días de su peregrinación en carne.

No se tenga por hombre honrado el que no cumpla con todos sus deberes; ni crea que es libre si no lo hiciere sin violentar sus inclinaciones.

# ÍNDICE

9 788479 100360